THINK SMART
WORK SMART
싱크 스마트 워크 스마트

THINK SMART
WORK SMART

트레멘 뒤프리즈 지음 | 황선영 옮김

싱크 스마트
워크 스마트

북허브

감사의 말

나는 위대한 사상가들에게서 가르침을 얻었다는 사실을 매우 영광스럽게 생각한다. 나는 수년 동안 지식과 열정을 그분들과 함께 공유했다.

'성공의 기술(Success Skills)' 시리즈를 만들고 편집한 셜리 테일러는 모두가 귀 기울일 만한 소재를 나에게 제시할 준비가 되어 있었다. 나에게 기회를 주고 이 책을 즐거운 마음으로 집필하게 해 준 셜리에게 감사의 마음을 전한다. 이 여정을 함께하기에 더없이 지혜롭고 고무적인 동반자가 아니었나 생각한다. 나뿐만 아니라 그분과 작업한 모든 트레이너, 교육자, 작가들도 이렇게 느낄 것이다.

세상이 똑똑하게 생각하고 더 똑똑하게 일하도록 도와야겠다는 영감은 이 책을 읽을 필요가 전혀 없는 사람에게서 얻었다. 남편이자 12년 동안 친구가 되어 준 조핸은 내가 알고 있는 가장 뛰어난 사상가다. 그와 결혼한 데는 다 이유가 있었다!

원고에 생명을 불어넣은 마셜 캐번디시 출판사에도 감사의 말씀을 드린다.

어린 아들 세인이 성장하고 사고하는 기술을 개발시키는 것을 보고 있노라니 기쁨이 끝없이 밀려온다. 인간의 정신이란 얼마나 힘이 넘치고 특별한지 감탄하게 된다. 이 책에 자신의 우스꽝스러운 일화를 쓴 것에 대해 불평하기에는 아들이 아직 너무 어리다는 사실이 다행스럽다. 하지만 그럴 날도 얼마 남지 않은 것 같다.

아울러 부모님과 터리서, 앤서니, 트레버에게도 내가 간직했던 모든 꿈을 이루고, 또 흥미로워 보였던 모든 길을 끝까지 달려갈 수 있게 도와주셔서 감사하다는 말을 전하고 싶다. 그분들과 고마운 친구 앨리슨 레스터가 없었다면 그 길을 찾아내지 못했을 것이다.

머리말

이 책을 선택한 당신에게 축하를 보내고 싶다. 개인적으로 이 책을 'ST 트레이닝 솔루션 – 성공의 기술' 시리즈에 포함시킬 수 있어 매우 영광스럽게 생각한다. 이 시리즈는 자신의 능력을 계발하고 직장에서나 개인적인 삶에서나 더 큰 성공을 거두는 법을 다룬 짧고 실용적인 책들로 이루어져 있다.

'성공의 기술' 시리즈는 애초에 'ST 트레이닝 솔루션' 공개 워크숍 참가자들의 요구를 만족시키기 위해 탄생했다. 워크숍에 참석하고 나서 많은 참가자들이 계속 배우고 싶고, 이 주제에 대해 더 많이 알고 싶고, 한 단계 높은 차원의 학습을 하고 싶다는 열망을 드러냈다. 한마디로 배움을 갈망한 것이다. 2007년에 'ST 트레이닝 솔루션'을 세우면서 기대했던 바로 그런 효과였다. '성공의 기술' 시리즈를 통해 이제는 더 많은 사람들이 우리 트레이너들의 경험과 전문 지식을 향유할 수 있게 되었다.

시리즈의 편집자로서 읽기 쉽고, 매우 실용적이며, 요점이 분명하고 간단한 언어로 쓰인 책을 만들기 위해 작가들과 작업하는 것이 즐거웠다. 이 시리즈에 속한 책들은 더욱 효과적이고 성공적인 면모를 발휘하는 데 필수적인 도구와 전략으로 무장되어 있다. 요점을 분명히 전달하려는 의미에서 삽화를 첨가하기도 했다. 내용에 재미와 유머를 더할 때 더 많이 배울 수 있다고 믿기 때문이다. 이외에도 배울 점을 강조하려고 다음과 같이 범주를 나누기도 했다.

▶ **틀린 생각 바로잡기** 사실이 아닌 내용을 제시한 뒤 실제 사실 정보를 소개한다.
▶ **똑똑한 토막 정보** 기억해 두면 유용한 짤막한 정보나 특별 사항을 담았다.
▶ **아하, 그렇구나!** 논의를 통해 무엇인가를 알아차릴 때 전구처럼 아이디어가 떠오르는 순간이다. 요점을 명확하게 해 줄 통찰력을 추가로 얻었을 때 자기만의 '아하, 그렇구나!'를 적어 두는 것을 잊지 말라.
▶ **필자의 추천 방법** 집에서나 직장에서 핵심적인 사항을 실천에 옮길 수 있는 방법을 제시한다.
▶ **위험!** 피하거나 예방해야 할 사항을 실었다. 일종의 경고라고 할 수 있다.
▶ **특별 비법** 장마다 맨 마지막 페이지에 특별 비법을 모아 놓은 목록이 있다. 요점을 기억하도록 도와줄 중요한 사항들이다.

이 책을 집어 들었다는 사실은 당신의 내면에 더 많은 것을 배우려는 열망이 이미 자리했음을 나타낸다. 책에 실린 알찬 충고와 실용적인 가이드라인이 어떻게 해야 좋은 인재에서 훌륭한 인재로 거듭날 수 있는지 알려 줄 것이다.

그럼 행운을 빈다!

시리즈 편집자, ST 트레이닝 솔루션 CEO

셜리 테일러

www.shirleytaylortraining.com

www.shirleytaylor.com

내면의 스타성을 일깨우세요!

www.STSuccessSkills.com에 접속해서 전자책 '성공을 향한 일곱 가지 단계'를 무료로 다운로드 받으세요. '성공의 기술' 작가들의 충고는 당신의 의욕을 북돋아 줄 것입니다. 작가에 관한 기사를 볼 수도 있고, '성공의 기술' 시리즈의 최신 책을 주문할 수도 있습니다.

차례

들어가는 글

이 책을 쓰기 시작할 무렵 세계는 힘겹게 금융 위기에서 막 벗어나고 있었다. 나는 이제까지 이런 위기를 세 번이나 겪었다. 위기의 세부 사항에는 관심이 없지만, 공통적으로 나타나는 특징만큼은 흥미롭게 느껴진다. 위기 때마다 양질의 교육을 받은 의사결정자들이 최고의 도구와 데이터를 이용했는데도 정말 나쁜 결정을 내린 것이다. 그로 인해 수백만 명의 사람들이 저축과 노후 자금, 직업, 품위를 잃고 말았다. 세 가지 경우 모두 잘못된 의사결정으로 인해 빚어진 참극이었다.

크게 잘못된 결정이나 그런 결정을 내린 사람들은 선정적인 뉴스거리가 되어 언론에 오르내린다. 그래서 경영에 관한 대부분의 결정은 질이 양호하고 몇 가지만 크게 잘못된 것이라고 생각하더라도 충분히 이해할 수 있다. 하지만 놀랍게도, 오하이오주립대학에서 실시한 연구에 의하면 경영에 관계된 결

---

* 폴 너트(Paul C. Nutt), 《결정이 실패로 돌아가는 이유(Why Decisions Fail)》(2002년)

정의 50퍼센트가 잘못된 결정이라고 한다.* 경험이 많고 교육도 많이 받은 리더나 경영자들도 매번 형편없는 결정을 내린다면 다른 사람들은 말할 것도 없을 것이다.

나는 이런 일이 왜 일어나는지 알고 싶었고, 어떻게 해야 사람들의 의사결정 능력을 향상시킬 수 있는지도 알고 싶었다. 하지만 어디에서부터 시작해야 하는지 알지 못했다. 여러 방향으로 난 여러 가지 길을 따라가 봤더니 운 좋게도 다양한 곳에서 원하는 답을 찾을 수 있었다.

복잡하지 않고 누구나 쉽게 이용할 수 있는 효과적인 의사결정 과정을 찾으려는 여정에서 나는 흥미로운 사실 몇 가지를 발견했다. 첫째, 생각하거나 문제를 해결하는 데 체계적인 접근법을 이용하는 사람들은 극소수에 불과했다. 둘째, 체계적인 접근법을 이용하는 사람들은 복잡한 도구와 컴퓨터 프로그램의 도움을 받아 최선의 선택을 하고 있었다. 나보다 훨씬 똑똑한 사람들이 설계한, 컴퓨터를 기반으로 한 아주 똑똑하고 효과적인 도구들이 실제로 있다. 나는 컴퓨터 공학 학사 학위를 받았고, 정보 시스템의 막강함에 항상 혀를 내둘렀다. 사람들은 중요한 결정을 내릴 때 제대로 이해할 수 없는 기술과 도구에 많이 의지한다. 이는 정말 놀라운 일이다. 그렇다면 우리가 내리는 모든 결정에서 가장 중요한 역할을 하는 도구는 어떤가? 인간의 정신이 만들어 내는 생각 말이다.

지금 이 세상에서는 즉시 효과가 나타나는 쉬운 해결책이 환영받는다. 하룻밤 사이에 더 똑똑하게 해 주는 알약을 먹을 수 있다면 얼마나 좋을까? 언젠가 지적 능력을 끌어올려 줄 즉각적인 해결책이 생길지도 모르지만, 그때까지는 이미 갖고 있는 도구를 이용할 수밖에 없다. 그것이 바로 이 책의 용도다. 책장을 넘기다 보면 유용한 의사결정 및 문제 해결 아이디어와 도구가 분명하게 적용하기 쉬운 방식으로 제시된 것을 발견할 것이다.

내가 이 책을 쓰는 목적은 독자들에게 도전장을 내미는 데 있다. 평소에 생각해 보지 않았을지도 모르지만 사고와 의사결정 시 필요한 도구를 최대한 활용하게 하는 질문을 던지는 것이다. 모든 질문에 답하기는 어려울 수도 있다. 그러나 우리가 당연하게 여기는 행동에 의문을 제기하고, 생각하는 것에 대해 생각할 때에야 비로소 더 낫게 생각하고 행동하는 법을 배울 수 있다.

당신이 어제 내린 결정이 오늘의 현실을 만들었으며, 오늘 내리는 결정이 당신의 미래를 만든다는 것을 기억하라. 더 똑똑한 사고로 향하는 여정을 나와 함께하자. 이 책에서 소개하는 아이디어와 도구를 일상에 적용한다면 의사결정의 질을 향상시키고, 더 나아가 직업과 삶의 질도 향상시킬 수 있을 것이다. 그럼 더 똑똑하게 생각하고 일하기 위한 여정을 즐기기 바란다.

트레멘 뒤프리즈
www.leadershipconsultancy.org

자 · 가 · 진 · 단

의사결정과 문제 해결에 대해 얼마나 이해하고 있는지 알아보자.

1. 학력이 높은 전문가들은 항상 최고의 결정을 내린다.

   (a) 그렇다.

   (b) 그렇지 않다.

2. 여러 가지 일을 동시에 할 때 나는

   (a) 일을 많이 처리해서 생산성이 향상된다.

   (b) 상사에게 칭찬을 받는다.

   (c) 일을 한 가지씩 하는 것보다 일 처리 속도가 떨어진다.

3. 뇌의 10퍼센트만 사용하고 있다면 이를 통해 문제 해결 능력을 향상시킬 수 있다.

   (a) 나머지 90퍼센트를 사용하는 방법에 대해 배운다.

   (b) 이미 뇌의 100퍼센트를 각기 다른 시점에 사용하기 때문에 다른 사고용
   도구를 향상시킨다.

   (c) 더 골똘히, 더 오래 집중한다.

4. 결정을 내릴 때 직감은 무시해야 한다.

   (a) 그렇다.

   (b) 그렇지 않다.

5. 어느 분야에서든 전문가는

   (a) 수년간의 경험이 있고 어떤 도전이든 쉽게 해결할 줄 아는 사람이다.

(b) 자신의 지식을 끊임없이 보완하는 사람이다.

(c) 위험을 감수하고 새로운 문제를 해결할 때 새로운 방법을 시도하는 사람
이다.

(d) (b)와 (c)

6. 사회적 통념은

(a) 항상 근절되고 이의가 제기되어야 한다.

(b) 누군가가 그것이 이미 최고의 지혜라고 결정한 만큼 의문을 가져서는 안
된다.

(c) 쓸모없어진 심리학 용어다.

7. 창의적인 해결책은

(a) 창의적인 사람에게만 떠오른다.

(b) 구성이 탄탄한 창의적인 사고 과정을 통해 생각해 낼 수 있다.

(c) 기술과 관련된 일을 하거나 창의적이지 않은 사람에게서는 기대할 수
없다.

8. 문제에 접근하는 가장 좋은 방법은

(a) 잘게 조각내어 분석하는 것이다.

(b) 원인을 알아내려고 '누가, 언제, 어디서, 무엇을, 왜'를 따져 보는 것이다.

(c) 해결책을 찾아보기 전에 모두가 문제를 이해할 수 있게 문제를 다이어그
램으로 도식화하는 것이다.

9. 팀 단위로 내린 결정이 항상 개인이 내린 결정보다 낫다.

(a) 그렇다.

(b) 그렇지 않다.

10. 최고의 결정을 내리기 위해 나는

(a) 항상 이용하는 포괄적인 문제 해결 전략이 필요하다.

(b) 그 주제에 관해 얻을 수 있는 모든 정보가 필요하다.

(c) 장기간 쉬지 못하고 일하게 되더라도 완벽한 단 하나의 해결책을 찾을 때까지 포기하지 말아야 한다.

아래의 정답을 살펴보자.

1. 낭설에 불과하며 정답은 (b)다. 탁월한 결정을 내리고 문제를 효과적으로 해결하는 능력에 영향을 끼치는 요소는 여러 가지가 있다. 1장을 통해, 훌륭한 결정을 내리는 능력은 이미 받은 교육에서 비롯되지 않고 정보를 어떻게 처리하는지에 달렸다는 사실을 알게 될 것이다.

2. (c)를 선택했다면 매우 잘한 것이다. (c)를 선택하는 사람이 많지 않기 때문이다. 여러 가지 일을 동시에 하는 것은 상당히 인상적이다. 멀티태스킹을 하면 자신이 유용한 사람이라는 느낌도 든다. 하지만 이런 방식이 실제로 일 처리 속도를 높여 주는지 한번 생각해 보라. 2장에서는 우리가 여러 가지 일을 동시에 하는 것이 불가능하다는 사실을 증명해 보일 것이다. 새로운 아이디어와 도구를 이용해 생산성을 제고할 수 있는 방법에 대해서도 배우게 될 것이다.

3. 잠재력의 90퍼센트를 간단히 깨울 수 있다면 정말 멋지지 않겠는가? 우리는 사실 수행해야 하는 기능에 따라 뇌의 100퍼센트를 다양한 시점에 사용한다. 다행히도 뇌가 사람의 유일한 사고 도구는 아니다. 3장에서는 뇌만큼이나 중요한 다른 사고용 도구들을 소개하고, 이런 도구를 100퍼센트 활용할 수 있는 방법에 대해 다룬다. 따라서 정답은 (b)다.

4. 직감을 무시해서는 절대로 안 된다! 우리는 결론을 상당히 빨리 도출하는 머

릿속의 목소리를 경계하는 경향이 있다. 4장에서는 이 질문에 대한 대답이 왜 '그렇지 않다'인지 이해할 수 있게 도울 것이다. 이 목소리, 즉 직감이 어디에서 오는지, 그리고 의사결정 시 직감을 현명하게 이용하는 방법에 대해 배울 수 있다.

5. 새로운 것을 계속 배우지 않아도 되는 전문적인 경지에 오르면 얼마나 좋겠는가? 이 질문은 대답하기 까다로웠을 텐데 (d)를 선택했다면 아주 잘한 것이다. 위험을 무릅쓰고, 끊임없이 진화하는 도전 과제에 맞설 수 있게 능력을 향상시키지 않는 한 전문가는 더 이상 쓸모없어질지도 모른다. 5장에서는 이와 같은 전문가의 함정에 빠지지 않는 방법을 제시한다. 의사결정에 들이는 노력을 무색하게 만드는 여러 가지 정신적인 실수도 함께 살펴본다.

6. 가장 바람직한 대답은 (a)다. 사회적 통념은 여전히 막강한 영향력을 과시하며 우리의 사고에 놀랄 만큼 자주 침투한다. 사회적 통념에 이의를 제기하는 일은 어렵지만, 가능한 한 최선의 결정을 내리거나 문제를 효과적으로 해결하고 싶다면 이 과정을 반드시 거쳐야 한다. '안전한 생각'을 다룬 6장을 참고하면 도움이 될 것이다. 어떤 생각이 사회적 통념인지 알아보는 방법과 이의를 제기하는 방법에 대해 배울 수 있다.

7. (a)나 (c)를 선택했다면 다시 생각해 보기 바란다. 창의성은 아무한테나 그냥 주어지는 것이 아니다. 7장에서는 보다 창의적인 해결책을 찾아내는 데 유용한 것으로 증명된 한 가지 과정을 차근차근 살펴본다. 창의적인 해결책은 훌륭한 문제 해결의 일부이며, 7장은 매우 중요한 장이라고 강조하고 싶다.

8. (c)를 선택하지 않았더라도 문제 될 것은 없다. 전통적인 문제 해결 방법은 여전히 널리 이용되고 있지만 점점 효과가 떨어지는 추세다. 오늘날 우리가 직면하는 문제는 대체로 세계적이고 서로 연결되어 있으며 상당히 복잡하기 때문이다. 8장에서는 문제를 해결하는 최신 방법에 대해 알아보고, 까다로운 문

제를 해결할 수 있는 체계적인 방법을 소개한다.

9. 오늘날 조직에서 팀이 차지하는 역할이 얼마나 중요한지를 생각해 보면 답이 (a)라는 생각이 들 법도 하다. 하지만 정답은 (b)다. 9장에서는 집단 사고가 팀에 어떻게 잠입하는지 알아보고, 정답이 왜 (b)인지도 살펴본다. 집단 사고의 증상은 제법 파괴적일 수 있지만 이를 극복할 수 있는 유용한 도구가 몇 가지 있다. 어떻게 해야 자신이 이끄는 팀의 실적을 올릴 수 있는지 알아보라.

10. 정답은 (a)다. 훌륭한 문제 해결 전략은 언제나 더 나은 결정을 내리도록 도와줄 것이기 때문이다. 가장 효과적인 해결책에 대한 생각은 모두 제각각이다. 이 책을 읽는 내내 완벽한 문제 해결 신화의 비밀을 파헤칠 수 있으며, 10장에서는 자신만의 문제 해결 전략을 개발하는 기회를 마련할 수 있다.

성공의 비법은
효과적인 의사결정

"결정을 내릴 수 있다는 것보다 더 어려운,
그래서 더 귀한 것은 없다."
-나폴레옹 보나파르트

CHAPTER 1

경쟁자들을 상대로 당신이 우위를 점할 수 있는 요소는 무엇인가? 학력이나 실무 교육인가? 수년간의 근무 경력인가? 아니면 제품에 대한 지식, 대인 관계 기술 또는 동료보다 더 오랫동안 일할 수 있는 능력인가?

프로 운동선수라면 이 질문에 답하기가 훨씬 쉬웠을 것이다. 프로 운동선수들은 올바른 식단과 전반적인 자기 관리를 통해 신체를 건강하게 유지한다. 또 동작을 알맞게 수행할 때까지 똑같은 동작을 수차례 반복하며 실력을 갈고닦는 데 하루에 열 시간 이상을 투자할 수 있다. 선수들은 자신의 경기를 분석하고, 경쟁 상대를 연구하며, 챔피언다운 정신을 기른다. 그들이 실제로 경기를 '치르는' 시간은 경기를 '준비하는' 시간에 비해 대단히 짧다. 경기장에서 실력을 발휘하는 것보다 경기장 밖에서 실력을 향상시키는 데 더 주력하는 것이다. 훈련법에 따라 차이는 있겠지만, 선수들의 경쟁우위는 상대보다 실력이 더 뛰어나거나 더 빠르거나 더 강한 것이다.

전문적인 지식 근로자로서 우리는 프로 운동선수들과 크게 다르지 않다. 비즈니스 능력이 탁월한 사람은 '직장에서' 일하는 것만큼 '직업 자체에' 공을 들임으로써 자신의 경쟁우위를 구축한다. 그렇다면 최고의 실력을 뽐내는 사람들이 개발하는 이 경쟁우위라는 것은 무엇인가?

그것은 한마디로 정신이다. 남들보다 더 빨리 더 똑똑하게 생각하면, 더 똑똑하게 일하고 더 나은 결정을 내리며 그 덕택에 보상을 받게 된다.

실력이 그에 미치지 못하는 사람들은 대체로 직장에서 살다시피 한다. 그들은 장시간 일하며, 다음에 있을 회의나 프로젝트 또는 영업을 염두에 두고 끊임없이 앞을 내다봐야 한다. 그러나 다른 사람들은 그들도 경쟁자들보다 실력이 더 뛰어나고 더 빠르고 더 똑똑하리라고 기대한다. 그래서 그들은 교육을 통해 정신을 함양시킨다. 이것저것 많이 배우고 평생 다 쓰지 못할 만큼 방대한 정보를 수집한다. 탄탄한 사고의 토대가 되는 정보를 과소평가하는 것은 아니다. 하지만 경쟁우위를 확보하는 수단으로서 정신의 잠재력을 완전히 실현하는 데 정보만으로 도움이 되는 경우는 극히 드물다.

🔒 똑똑한 토막 정보

사실 정보는 의사결정의 토대를 이룬다. 그렇지만 정보를 많이 아는 것만으로는 똑똑해지지 못한다.

좋은 결정의 핵심적인 이점

우리가 인생을 살면서 취하거나 취하지 않는 행동은 모두 결정의 직접적인 결과다. 오늘 당신이 어디에 있든 그것은 당신이 태어나서 지금까지 내린 모든 결정의 결과다.

이와 마찬가지로 기업의 성공과 실패는 그 기업에서 일하는 리더, 관리자, 지원 팀, 일선 경영 팀이 내린 모든 결정에 달렸다. 심지어 납품 담당 부서 직원

들의 결정도 그렇다. 이런 결정의 질은 결정을 불러온 사고의 질에 따라 달라진다.

우리는 종종 선택의 여지가 없다고 느끼지만, 그렇지 않다. 우리에게는 언제나 결정을 내리거나 말을 하거나 아무것도 하지 않을 선택권이 있기 때문이다. 세 살배기 내 아들의 인생에서 현재 가장 중대한 일은 화장실에 언제 갈지 결정하는 것이다. 아이는 TV 프로그램의 가장 재미있는 부분을 놓치거나 노는 시간을 너무 많이 빼앗기지 않기 위해 적당한 때에 화장실에 가려고 노력한다. 결정을 내리지 않겠다고 할 때도 있는데, 그럴 때는 상당히 축축한 결과가 나타나고 만다.

어린아이가 집중할 수 있는 시간은 결정을 내리는 데 걸리는 시간과 비슷하다. 아이는 그것이 무엇이든 즉각적인 보상이 따르는 것을 맨 처음으로 선택한다. 내 아들도 마찬가지다. 지금으로서는 아들에게 자신의 결정이 낳는 결과를 숙지하라고 가르치는 것은, 아무런 영양가도 없는 사탕을 선반 위에 놓아두는 것이 최선이라고 설명해 주는 것만큼이나 효과가 없다!

다행히도 우리는 연습을 통해 기초적인 결정을 내리는 데 훨씬 능숙해진다. 나이가 들면서 우리는 미키 마우스 클럽의 어느 부분을 놓칠 것인지 결정하는 것보다 좀 더 복잡한 결정을 내리게 된다. 안타깝게도 우리는 가장 어려운 결정을 내리는 연습을 충분히 하지 못한다. 그리고 피드백을 바로 받지 못하므로 어느 부분에서 결정을 잘못 내렸는지 혹은 제대로 내렸는지 알기 어렵다. 결정을 돌이키기에 너무 늦었을 때 비로소 피드백을 받는 경우가 대부분이다.

좋은 결정과 나쁜 결정을 구분하는 방법

과거에 내린 결정을 몇 개만 떠올려 보라. 그리고 그중에서 결과가 아주 좋았던 것이 몇 개나 되는지 생각해 보라. 그런 결정 간에 어떤 공통점이 있을 가능성이 크다. 이 같은 이치는 그다지 결과가 좋지 않았던 결정에도 똑같이 적용될 것이다.

결과가 비교적 좋았던 결정 간에 어떤 유사점이 있었는지 한번 살펴보자.

▶ 결정을 즉석에서 내릴 필요가 없었다. (그러나 가끔은 금세 내린 결정도 괜찮은 결과를 불러올 때가 있다!)
▶ 결정의 목적이나 목표가 뚜렷했으며, 그 목적이나 목표가 무엇인지 알고

있었다.

▶ 선택 사항을 분명히 알고 있었으며, 관련 정보를 수집할 시간이 있었다.

▶ 결정을 내리는 데 도움이 된 정보를 확인할 수 있었다.

▶ 존중하는 사람들의 조언을 사전에 구했다.

▶ 자신의 의견과 일치하지 않는 의견을 접했으며, 그 의견을 묵살하지 않았다.

▶ 결정이 불러올 긍정적·부정적 결과에 대해 곰곰이 생각해 보았다.

▶ 무엇인가에 대해 강한 '직감'이 들었을 경우 그런 느낌이 왜 들었는지 이해하려고 시간과 노력을 투자했다.

▶ 결정의 결과가 통제 범위 밖에 있는 사건이나 타인 또는 운에 좌우되지 않았다.

위의 목록에서 훌륭한 결정의 특징을 모두 나열하지는 않았지만, 이 중 몇 가지는 당신이 내린 탁월한 결정에서 분명히 찾아볼 수 있을 것이다. 이와 반대로, 결과가 좋지 않았던 결정에는 이런 특징이 많이 나타나지 않았다는 사실도 알아챌 수 있을 것이다.

다음은 그다지 현명하지 않았던 결정의 공통적인 특징이다.

▶ 결정을 빨리 내려야 한다는 압박감에 시달렸다.

▶ 결정을 순간적으로 내렸다.

▶ 여과되지 않은 감정이 최종 결정에 크게 작용했다.

▶ 결정이 야기한 결과에 깜짝 놀랐다.

틀린 생각 바로잡기

의사결정 시 똑같은 실수를 반복하는 경우가 있다. 그것은 분명히 우연이거나 운이 없어서 벌어진 일이다.

➡ 다시 생각해 보라! 누구나 독자적인 의사결정 과정을 거친다. 결정의 결과가 좋지 않은 경우가 잦거나 똑같은 실수를 반복하는가? 그렇다면 당신의 의사결정 과정에 문제가 있어서 실수가 생기는 것일지도 모른다.

나는 교육을 많이 받았으니까 똑똑할 것이다

1980년대와 1990년대가 경영과 경영 교육의 시대였다면 21세기는 지금까지 리더십과 리더십 교육의 시대다. 오늘날의 리더들은 감성 지능이나 코칭(coaching)과 같은 하드 스킬(주로 전문 지식에 기초한 기술적인 능력을 일컬음 – 역자 주)과 소프트 스킬(주로 대인 관계와 관련된 능력을 일컬음 – 역자 주)을 골고루 익히는 훈련을 거친다. 이러한 훈련은 냉정한 경영의 시대에는 부적합하다고 여겨졌을 것이다.

오늘날 리더들은 양질의 교육을 많이 받았으며, 이전과는 비교할 수 없을 만큼 많은 양의 정보와 의사결정 도구를 활용할 수 있다. 또한 전 세계가 연결됨으로써 위대한 사상가와 전략가들의 머릿속에서 아이디어를 뽑아내는 일도 점점 더 용이해지고 있다. 그런데도 경영과 관계된 결정의 50퍼센트가 어떤 식으로든 그릇된 결정이 되는 이유는 무엇일까?

똑똑한 토막 정보

의사결정자가 양질의 교육을 많이 받거나 '증명된' 의사결정 도구를 이용한다고 해서 매번 더 나은 결정을 내리는 것은 아니다.

많이 배우면 박식해지는 것은 분명하지만 반드시 똑똑해지는 것은 아니다. 그렇다면 리더는 어떻게 더 똑똑해져서 도처에 있는 직원이나 시민을 대표하여 더 나은 결정을 내릴 수 있을까? 똑똑해지는 기술을 배우는 일이 가능할까? 아니면 똑똑하다는 것은 타고나는 재능인가?

나는 교육을 많이 받지 못했으니까 똑똑해질 수 있다

좋은 소식은 생각을 잘하는 사람이 되는 것이나 훌륭한 결정을 내리는 것이 외국어를 배우는 것처럼 배울 수 있는 기술이라는 점이다. 설령 외국어를 배우는 일이 겁나더라도 걱정하지 말라. '똑똑한 사고와 의사결정'이라는 언어를 배울 때는 단어를 많이 외우거나 다양한 시제와 씨름할 필요가 없다. 학습의 성취도는 얼마나 자주 연습하느냐에 달렸다.

이 시대를 살아가는 가장 똑똑한 사상가 몇몇은 새로운 시대를 여는 아이디어를 생각해 내고 매우 뛰어난 결정을 이끌어 냈다. 하지만 오늘날의 기준으로 봤을 때 교육을 적게 받았다는 평가를 받을 만한 인물들이다. 빌 게이츠(Bill Gates), 스티브 잡스(Steve Jobs), 심지어 헨리 포드(Henry Ford)도 대학을 중퇴했으며, 리처드 브랜슨(Richard Branson) 경이나 윈스턴 처칠(Winston Churchill)은 아예 대학을 다니지도 않았다. 토머스 에디슨(Thomas Edison) 또한 만 열두 살에 철도 회사에 취직할 때까지 집에서 교육을 받았다. 이런 인물들이나 이들과 같은 수많은 사람들은 공식적인 교육을 충분히 받지 못했는데도 위대한 사상가로 정평이 나 있다. 그들의 결정이 항상 전통적이거나 교과서에 실린 원칙에 바탕을 둔 것은 아니다. 하지만 그들에게는 여러 동시대인에 비해 대체로 더 나은 결정을 내리는 능력이 있었다.

위대한 결정을 내리는 법을 이해하려면 먼저 결정이란 무엇인지 정확히 이해해야 한다. 아래에 제시한 여섯 가지 항목을 살펴보고 의사결정이라는 활동을 가장 잘 드러낸다고 생각하는 항목 옆에 ✓ 표시를 하라.

☐ 인지적임   ☐ 감정적임
☐ 이성적임   ☐ 비이성적임
☐ 증명된 사실에 기반을 둠   ☐ 추측에 기반을 둠

왼쪽의 세 가지 항목은 경제학 교재에 나오는 전통적인 의사결정 이론을 묘사한 것이다. 이 항목들은 모든 사람들이 의사결정이 이러했으면 좋겠다고 생각할 때 떠오르는 특징이다. 그리고 오른쪽의 세 가지 항목은 전통적으로 수용되는 의사결정 요소들을 묘사한 것이다. 의사결정이 감정적이고 비이성적인 세계에 도사리고 있다면 최고의 교육을 받은 사람들마저도 그릇된 결정을 내리는 이유가 설명될 것이다. 이것은 반드시 나쁜 소식이 아니다. 의사결정과 문제 해결이 그릇된 방향으로 향하는 이유를 이제 알게 됐으니 그것을 바로잡기 위한 조치를 취할 수 있기 때문이다.

⁇ 틀린 생각 바로잡기

훌륭한 결정은 이성과 논리에 기반을 둔다. 그러므로 의사결정 과정에서 감정을 배제하는 방법을 배워야 한다.

⟫ 그렇지 않다! 초기의 감정적인 반응은 우리가 내리는 모든 결정의 근간이 되며, 우리는 감정 없이는 어떤 결정도 내리지 못한다. 의사결정 과정에서 감정을 배제하는 일은 불가능하다. 그보다는 감정이 판단에 미치는 해로운 영향을 알아보고 이를 활용하는 방법을 배워야 한다.

아직도 의사결정이 합리적이고 논리적인 영역에 속한다고 믿는가? 그렇다면 의사결정에서 감정이 하는 역할을 다룬 3장으로 건너뛰기 바란다.

자신이 어떤 부류의 의사결정자인지 알아보라

인간은 유일무이한 존재이며 평생에 걸쳐 형성된 매우 특정한 성격을 가지고 있다. 당신의 성격은 문화유산과 성장 환경, 개인적인 경험에 의해 형성되었다. 이와 마찬가지로 당신의 의사결정 방식 또한 당신만의 고유한 특성이다. 이 같은 이치는 다른 사람들에게도 똑같이 적용된다.

자기 자신이 어떤 방식으로 의사결정을 하는지 생각해 본 적이 있는가? 누군가의 행동이나 결정을 두고 "글쎄, 나라면 다르게 행동했을 텐데." 또는 "나는 그런 선택을 하지 않았을 거야."라고 말한 적이 있을지도 모른다. 그렇다면 여러 개의 대안과 맞닥뜨렸을 때 당신은 어떤 절차를 밟는가? 주위의 의견을 들어 보고 가족이나 친한 친구들과 의논하는가? 아니면 아이디어를 조사해 보고 단독으로 결정을 내리는가? 당신은 즉석에서 결정을 내리는 타입인가? 아니면 시간이 모자랄 때까지 모든 선택 사항을 훑어보며 마음을 졸이는 타입인가? 혹시 아무런 결정도 내리지 않는 것을 선호하지는 않는가?

인간의 성격은 프로파일링(profiling)을 거쳐 여러 개의 넓은 범주로 분류할 수 있다. 이것은 우리 자신과 다른 사람들을 어떻게 관리하고 동기를 부여할 수 있는지 이해하도록 돕는다. 의사결정 방식도 이처럼 여러 개의 넓은 범주로 나눌 수 있다. 우리가 결정을 내리는 일반적인 방식을 이해한다면, 그 과정에서 나타나는 결함을 발견하고 앞으로 내릴 결정 하나하나에 좀 더 나은 방식으로 접근할 수 있을 것이다.

🚲🚲 당신의 지배적인 의사결정 방식은?

(a), (b), (c), (d) 중에서 자신에게 가장 잘 어울리는 대답을 고르세요.

1. 친구들과 점심 식사를 하러 갈 때 나는
   (a) 광고에서 본 새로운 식당에 가 보자고 제안한다.
   (b) 모두에게 가장 좋아하는 식당을 물어봐서 가장 인기 있는 식당이 어디
      인지 알아본다.
   (c) 그 동네에 맛있는 식당이 어디 있는지 음식 블로그에서 찾아본다.
   (d) 다른 사람에게 식당을 골라 달라고 부탁한다.

2. 집 근처의 도로 공사 때문에 매일 직장에 지각하는 상황일 때 나는
   (a) 가장 빠른 길을 알아내려고 다양한 길을 이용해 본다.
   (b) 공사가 끝날 때까지 계속 똑같은 길을 이용한다. 교통 사정은 언젠가 나
      아질 테니까.
   (c) 구글 맵을 이용해 더 나은 길을 찾아본다.
   (d) 이웃에게 시내까지 어떻게 가는지 물어보고 그 길을 이용한다.

3. 집 근처 굉장히 가까운 곳에 새로운 헬스클럽이 생겼다. 원래 다니던 헬스클럽 회
   원권은 기간이 거의 만료되어 간다. 그럴 때 나는
   (a) 조기 등록 회원에게 주어지는 혜택을 누리려고 새로운 헬스클럽에 곧
      바로 등록한다.
   (b) 너무 오래 고민하다가 조기 등록 회원에게 주어지는 혜택을 놓쳐 버린다.
      결국 원래 다니던 헬스클럽에 계속 다닌다. 그 편이 덜 번거로우니까.

(c) 회원 관리 담당자와 만날 약속을 잡고 인터넷에서 헬스클럽의 후기를 찾아본다.

(d) 친한 친구를 따라 새로 생긴 헬스클럽에 등록한다. (하지만 그 친구도 아직 가 보지 않았기 때문에 피드백을 받을 수는 없다.)

4. 회사의 연례 회의를 개최하는 임무를 맡았을 때 나는

(a) 한 번도 이용한 적은 없지만 패키지 구성이 뛰어난 새로운 장소를 선택한다.

(b) 후보지 운영자들을 불러 제안서와 팸플릿을 받아 꼼꼼히 살펴본다.

(c) 결정하기 전에 여러 후보지를 탐방하여 패키지 구성을 비교해 본다.

(d) 비용이 많이 드는 편인데도 작년과 똑같은 장소를 선택한다.

5. 존경하는 누군가가 내가 내린 결정에 반대할 때 나는

(a) 그가 내세우는 근거를 들어 보되 자신의 주장을 옹호한다.

(b) 한번 생각해 보겠다고 말하고 나서 어떤 것이 올바른 결정인지 혼란스러워한다.

(c) 그가 제시한 의견을 검토해 보고 근거의 타당성 여부를 판단한다.

(d) 그의 의견에 따른다.

6. 내가 원하는 근무 환경은

(a) 하루하루가 다른 유연한 환경

(b) 프로젝트가 장기적이라 여유가 있으며 촉박한 마감 시한이 없는 환경

(c) 이용 또는 변경 가능한 가이드라인이 제시되는 환경

(d) 일과가 정해져 있고 표준 운영 방침이 있는 환경

7. 가벼운 두통이 잦을 때 나는

  (a) 여러 종류의 두통약을 먹어 본다.

  (b) 똑같은 두통약을 계속 복용하면서 나아질 때까지 통증을 견뎌 낸다.

  (c) 가까운 보건소를 찾아간다.

  (d) 신경과 의사를 찾아간다.

8. 나의 작업 방식은?

  (a) 매번 다른 사람들과 일하는 것을 선호한다.

  (b) 수년간 똑같은 동료들과 일하는 것을 선호한다.

  (c) 가장 매력적인 근무 조건을 갖춘 곳이라면 어디에서 일하든 상관없다.

  (d) 수년간 같은 직업에 종사하는 것을 선호한다.

9. 아주 중대한 결정을 내려야 할 때 나는

  (a) 혼자서 재빨리 결정한다.

  (b) 최대한 오래 기다렸다가 결정한다.

  (c) 여러 가지 대안을 체계적으로 평가하고 다른 사람들의 조언을 구한다.

  (d) 전문가를 찾아가 대신 결정해 달라고 부탁한다.

10. 고속도로에서 자동차가 고장 났을 때 나는

  (a) 보닛을 열고 시동이 다시 걸릴 때까지 이것저것 만지작거린다.

  (b) 교통경찰이 지나가다가 도와줄 때까지 기다린다.

  (c) 하루 24시간 운영되는 고장 차량 서비스 센터에 전화를 건다.

  (d) 친구에게 전화를 걸어 도움을 청한다.

결과 보기

(a), (b), (c), (d)별로 몇 개나 선택했는지 세어 보고 자신의 지배적인 의사 결정 방식의 대표적인 특징이 무엇인지 알아보세요.

A : 즉흥적인 타입

즉흥적인 면이 있다는 것은 축복일 수 있다. 많은 사람들이 젊은 시절에는 즉흥적으로 행동하지만, 나이가 들면서 충분히 생각하지 못해 손해를 볼 때마다 점점 더 신중해진다. (a)를 가장 많이 선택했다면 당신의 의사결정 방식은 즉흥적인 편이다. 당신은 '즉석에서' 결정을 내리는 것을 편하게 여기고 직감에 의지하며 좋은 '느낌'에 이끌릴 가능성이 크다. 그것이 실수로 이어지든 성공으로 이어지든 시행착오를 겪는 것을 두려워하지 않으며, 의식적으로든 무의식적으로든 의사결정에 대체로 자신감을 보인다. 이런 자신감을 특정한 분야에서 수년간의 경험을 통해 얻은 자신감과 헷갈리지 말아야 한다. 후자의 경우 결정이 즉흥적인 것처럼 보이지만, 뇌가 이미 준비된 상태이기 때문에 빛의 속도로 판단하는 일이 가능한 것이다.

B : 시간을 오래 끄는 타입

A 타입의 반대쪽 끝에는 즉흥적인 결정을 내리거나 직감을 믿는 것을 상상하기도 어려워하는 사람들이 있다. (b)를 가장 많이 선택했다면 당신은 최종 결정을 내릴 때까지 시간을 최대한 오래 끌기를 좋아한다. 그 시간 동안 당신은 정보를 가능한 한 많이 수집하여 결정의 결과를 바꿀 만한 귀중한 사실 정보를 한 가지도 놓치지 않도록 신중을 기한다. 항상 현재 알고 있는 것보다 더 많은 정보가 존재한다는 생각이 판단하는 데 자신감을 떨어뜨릴지도 모른다.

최종 결정을 내리기까지 시간을 오래 끄는 사람은 신중하고 사려 깊게 비치는 동시에 너무 머뭇거리는 의사결정자로 비칠 가능성도 있다.

C : 체계적인 타입

A 타입과 B 타입의 중간에는 이상적인 의사결정자가 있다. 이들은 여러 가지 면에서 이상적이지만 모든 면에서 그렇지는 않다. (c)를 가장 많이 선택했다면 당신은 중요한 결정을 내려야 할 때마다 의사결정 과정을 체계적으로 거칠 것이다. 그리고 아마도 여러 가지 대안을 놓고 체계적인 방식으로 검토해 볼 것이다. 이것이 당신을 묘사하는 말처럼 들린다면 이런 과정을 거쳐 판단을 내릴 때 편안해지고 자신감도 얻을 것이다. 그러나 이런 의사결정 과정에 지나치게 의존할 수 있는 위험성도 있다. 상황이란 언제나 변하게 마련인데, 그에 맞춰 적응하지 못할 가능성도 있기 때문이다.

D : 남에게 맡기는 타입

어떤 사람들에게는 결정을 내리는 일이 실로 진땀 나는 활동일 수 있다. (d)를 가장 많이 선택했다면 당신은 중요한 결정을 전혀 내리고 싶어 하지 않는 타입일지도 모른다. 평소에 다른 사람들에게 결정을 떠넘기는 편인가? 친구, 가족, 동료, 혹은 전문가(당신이 그렇게 여길 뿐이든 실제로 전문가든)에게 결정을 맡기는가? 이는 당신이 생각이나 의견이 없어서 일어나는 일이 아니다. 오히려 그 반대로 좋은 아이디어는 많은데 표출하기를 꺼리는 것이다. 원인은 개인적 · 종교적 · 정치적 · 문화적 요인 등 여러 가지가 있을 수 있다.

이번에는 평생 돈과 관련해 가장 중요한 결정을 내린 적이 언제였는지 생각해 보라. 부동산이나 주식 시장에 큰 금액을 투자했거나 차를 구매한 결정을 떠올려 보라. 아니면 자기 자신이나 자녀를 위한 교육에 돈을 투자한 결정도 괜찮다. 심지어 아이를 갖기로 결정하는 것 또한 경제적인 결정이다. 그럴 때마다 당신은 어떤 의사결정 과정을 거쳐 그런 결과에 도달했는가?

나는 최근에 남편과 둘째 아이를 갖기로 했다. 우리가 그런 결정을 내리기 전에 통장 잔고를 확인하거나 학비가 비싼 학교, 더 넓은 아파트를 알아봤을까? 아니다. 우리는 세 살배기 아들이 강아지보다는 동생이랑 있는 편이 훨씬 행복할 것이라고 판단했다. 대부분의 사람들처럼 우리는 인생에서 (첫아이를 갖기로 한 결정에 뒤이어) 어쩌면 두 번째로 가장 중요한 재정적·감정적 결정을 내렸다. 첫아이를 키우면서 부모로서 느낀 점과 가족을 늘리고 싶은 감정적인 욕구에 기반을 둔 결정이었다. 비록 감정이 저변에 깔려 있지만 문제 될 것은 없다. 가정을 꾸리는 것은 언제나 감정적인 결정일 수밖에 없다. 어떤 관점으로 보든 아이를 양육하는 것이 경제적으로는 말이 안 될지 몰라도 항상 옳은 일이라고 '느껴지기' 때문이다.

의사결정 시 자신감을 키워 주는 특별 비법

1. 사고하는 방법과 의사결정 기술에 관한 책을 한 권 골라라.

2. 지식 근로자로서 당신의 가장 중요한 경쟁우위는 동료나 경쟁자보다 더 빠르고 더 똑똑하게 생각하는 능력이라는 점을 잊지 말라.

3. 교육을 충분히 받지 못했기 때문에 훌륭한 결정을 내리지 못할 것이라고 생각하지 말라. 우리 시대의 가장 뛰어난 의사결정자 몇 명은 대학 교육을 전혀 받지 못한 사람들이다.

4. 화려한 학력이 뛰어난 의사결정 능력과 직결되지 않는다는 점을 명심하라. 탁월한 결정은 우리의 능력을 시험하는 정보를 다루는 방법에서 비롯된다. 특히 이전에 접해 본 적이 없는 정보일 경우에는 더욱 그렇다.

5. 생각하는 것에 대해 생각하는 데 시간을 얼마나 투자하는지, 더 똑똑하게 생각하고 더 똑똑하게 일하는 능력을 계발하는 데 시간을 얼마나 투자하는지 따져 보라. 그 정도로 충분한가?

6. 자신의 의사결정 방식을 살펴봄으로써 자신만의 의사결정 과정이 지닌 특성을 알아보라.

7. 과거에 내린 결정을 떠올려 보라. 성공적인 결과를 낳았던 결정 간에 공통점이 있는가?

8. 이번에는 결과가 그만큼 성공적이지 못했던 결정을 떠올려 보라. 혹시 똑같은 실수를 반복한다는 생각이 드는가?

9. 당신 삶의 질은 당신이 내리는 결정의 질에 따라 달라진다는 사실을 명심하라.

10. 당신이 미래에 어디에 있을 것인가는 오늘 내리는 결정과 생각의 질에 달렸다는 사실을 인식하고 오늘을 가치 있는 하루로 만들라.

정보 과잉 정복하기

"5,000개에 달하는 정보를 읽고
그 속에서 원하는 것을 찾을 수도 있다.
하지만 우리는 대체로 인생을 살면서
다른 일도 하고 싶어 한다."
—바락 하차모프
(휴대전화용 RSS 리더 'my6sense'의 창시자 – 역자 주)

CHAPTER 2

　　나는 아프리카에서 청소년기를 보냈다. 토요일마다 아침 일찍 졸리고 나른한 채로 일어나 하루 일과에 대한 기대감이 전혀 없었던 기억이 생생하다. 우리는 매달 학교에서 내준 과제를 한 가지씩 끝마쳐야 했다. 동네에 있는 도서관이 토요일 오후와 일요일에 휴관했기 때문에 토요일 오전 내내 과제와 씨름하는 일이 다반사였다.

　　나는 아직도 도서 목록 카드, 두꺼운 비닐로 싸여 있던 하드커버 책, 웃음을 참으려 안간힘을 쓰던 청소년들을 떠올릴 때면 입가에 미소가 번진다. 백과사전을 몇 쪽씩 복사하던 기억도 나고, 손으로 일일이 정보를 옮겨 적었던 기억도 있다. 이쯤 되면 내가 아주 나이 많은 사람이라고 생각하겠지만, 절대 그렇지 않다!

《데이터 스모그(Data Smog)》를 쓴 미국인 저자 데이비드 셴크(David Shenk)는 이런 상황을 완벽하게 요약했다. "정보는 한때 캐비아처럼 희귀하고 소중한 존재였으나 이제는 감자처럼 넘쳐나며 대수롭지 않게 여겨진다."

상대적으로 새로운 이 정보 문화에는 손쉽게 접근 가능한 정보가 풍부하다는 점도 있지만, 도전적인 면이나 우리를 좌절시키는 면도 있다. 그러나 이에 앞서 우리가 왜 정보를 무한히 이용할 수 있다는 것에 열광하는지 알아보자.

일단 매우 자명한 이유가 있다. 화창한 토요일 아침을 정적이 깔린 도서관에서 보내지 않아도 된다는 점 때문이다. 우리는 이제 집에서 편안하게 구글이나 야후 혹은 바이두(중국 검색 포털 사이트 – 역자 주)에서 원하는 정보를 검색한다. 어느 곳에서든 정보를 찾는 일이 가능해졌다.

정보를 향한 우리의 애정은 음식을 향한 애정에 비유할 수 있다. 건강과 정보력을 유지하기 위해서는 음식이든 정보든 특정한 양을 다양하게 섭취해야만 한다. 딱 알맞은 정도만 섭취하면 기분도 좋고 식습관이나 건강을 잘 관리하고 있다는 생각도 든다. 정보와 음식은 보기 좋게 차려져 있을 때 우리의 감각을 자극한다는 공통점도 있다. 달콤하고 만족스러우면 딱 한두 접시만 더 먹고 싶어지기도 한다. 그러나 너무 많은 양의 정보를 접할 경우 끈적끈적한 토피 푸딩을 너무 많이 먹은 것처럼 속이 거북해지고 정보를 전부 소화시키지 못한다.

우리가 정보에 열광하는 또 한 가지 이유는 정보가 의사결정 능력에 대한 자신감을 향상시켜 주기 때문이다. 약간의 정보가 사정에 정통한 결정을 내리도록 돕는다면, 정보가 더 많아질 경우 더 나은 결정을 내리게 되지 않겠는가? 실제로 그런지 한번 알아보자.

핸디캡 경주(기량이 더 뛰어난 마필에 부담 중량을 더 부여하는 경주 – 역자 주)에 참여하는 핸디캡퍼(출주마의 능력을 평가하는 사람 – 역자 주)들은 어떤 출주마가 경주에서 이길지 정확하게 예측하려고 정보에 의존한다. 다른 핸디캡퍼보다 정보를 더 많이 보유하면 당연히 의사결정에서 우위를 점하지 않겠는가? 하지만 정보를 40개나 보유한 핸디캡퍼가 5개를 보유한 동료보다 더 나은 결

정을 내리지 못했다는 연구 결과가 있다.* 한편으로 정보를 더 많이 확보함으로써 달라진 점도 있었다. 사탕을 너무 많이 먹었을 때 혈당이 급격하게 올라가는 것처럼, 결정을 내리는 데 자신감이 향상되었다는 것이다. 이처럼 정보가 오히려 우리를 혼란스럽게 만들고 생각의 방향을 엉뚱한 데로 돌려 의사결정 능력을 저하시키는 시점이 있다.

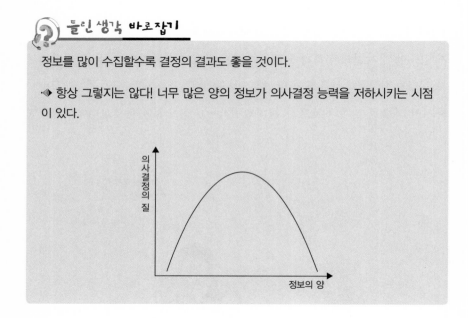

틀린 생각 바로잡기

정보를 많이 수집할수록 결정의 결과도 좋을 것이다.

⇒ 항상 그렇지는 않다! 너무 많은 양의 정보가 의사결정 능력을 저하시키는 시점이 있다.

'정보 과잉'이라는 용어가 벌써 머릿속에 떠올랐는가? 이 용어는 단순히 받은 편지함에 정보가 너무 많이 담겨 있는 현상을 가리키는 말이 아니다. 월

---

* 폴 슬로비크(Paul Slovik), '결정 방침을 신봉하는 데 따르는 행동상의 문제(1973년), www.decisionresearch. org/people/slovic

드 와이드 웹에 데이터가 상상을 초월할 만큼 복잡하게 엉켜 있는 것을 지칭하는 말도 아니다. 미래학자 앨빈 토플러(Alvin Toffler)에 의하면 '정보 과잉'은 정보가 너무 많아 문제를 이해하고 결정을 내리는 과정에서 겪을 수 있는 어려움을 나타낸다.

🔒 **똑똑한 토막 정보**

'정보 과잉'이라는 용어는 너무 많은 양의 정보가 문제 이해 능력에 미치는 부정적인 영향을 나타낸다.

정보 과잉은 인생을 살면서 누구나 감염되는 바이러스와 같다. 그러나 감기나 수두와 달리 백신 접종으로 예방하거나 알약을 먹고 나을 수 있는 병이 아니다. 정보는 음식을 향한 애정과 같이 끊임없이 관리하고 억제해야 한다. 그런 일을 가능하게 하는 방법에 관해 아이디어를 제시하겠지만, 우선 자신과 정보의 관계를 조사할 필요가 있다. 당신은 쥐가 치즈를 갉아 먹듯 정보를 야금야금 먹는 편인가? 아니면 머리가 아플 때까지 마지막 정보 한 조각마저 집어삼키는 편인가?

나의 정보 식단은?

정보가 자신의 삶에서 차지하는 역할에 대해 잘 인식하고 있는가? 정보를 얻으려고 항상 어딘가에 접속한 상태는 아닌가? 이쯤에서 자신의 정보 식단을 한번 점검해 보라. 평일을 하루 골라 온종일 정보를 얼마나 소비하는지 기록해 보라. 정보를 요청하거나 수신할 때마다 다음 표에 적어 두면 된다. 이때의 정보란 이메일이나 문자 메시지를 주고받는 것뿐 아니라 웹 서핑, 페이스북 접속, 인쇄 매체를 통해 접하는 정보를 의미한다. TV, 컴퓨터, 아이패드, 리더를 이용한 뉴스 시청 또는 직장이나 직업과 관련된 전자 뉴스도 포함할 수 있다. 다만 소문은 포함되지 않는다! 마지막 항목을 되도록 건너뛰지 않기 바란다.

정보 출처	하루에 몇 분(시간)?	업무차/취미차?	실제로 얼마나 생산적이었는가?
1주일 총계			

우리는 하나의 특정한 문제에 대한 정보를 얻으려고 종종 검색 엔진의 도움을 받는다. 답을 찾으려는 질문을 구체적으로 입력하면 원하는 정보가 실린 웹사이트가 수백 개 등장한다. 여기까지는 문제가 없다. 하지만 그다음에는 어떤 일이 벌어지는가? 당신도 나처럼 유혹적인 링크와 번쩍이는 배너에 정신이 팔리는가? 그것은 본래의 목표에서 멀어지도록 온갖 종류의 길로 우리를 꾀는 시각적인 음모다.

우리는 인터넷상에 있는 정보가 거의 다 무료라는 사실을 받아들이게 되었다. 이런 공짜 정보를 제공하는 사람들이 어떻게 돈을 버는지 궁금하지 않은가? 그들은 수익을 '실제로' 창출하는 제품 광고나 특가품 홍보로 돈을 번다. 편의점 계산대 위에 있는 초콜릿바나 사탕처럼 당신이 링크를 하나씩 타고 들어가도록 정보가 웹사이트상에 전략적으로 배치되어 있는 것이다. 별로 필요하지도 않은 초콜릿바를 사 본 적이 있는가? 어떤 정보가 유용할지도 모르겠다고 생각했는데 실제로 그렇지 않아 아까운 시간을 허비한 일이 얼마나 많은가?

틀린 생각 바로잡기

나는 다양한 뉴스레터, 포드캐스트, 블로그, 신문을 통해 꾸준히 정보를 얻는다. 내용을 다 읽는 것은 불가능하지만 정보가 필요하면 어디에서 찾으면 되는지 알 수 있어서 좋다.

◀) 이 의견에 동의한다면 당신의 정보 식단은 득보다는 해가 되는 경우가 더 많을 것이다. 필요할 때 인터넷에서 쉽게 찾을 수 있는 정보에 불필요하게 시달리고 있는지도 모른다.

이런 질문들을 염두에 두고 정보 식단의 마지막 항목을 작성할 때 인터넷에 시간을 얼마나 보내는지, 잡지나 신문을 읽는 데 시간을 얼마나 할애하는지 생각해 보라. 다른 데 정신이 팔리지 않고 얼마나 오랫동안 집중할 수 있는가?

정보는 끊임없이 억제해야 한다. 자신의 정보 한계를 설정하고 진정으로 가치를 더해 주는 정보만 수용해야 한다. 간식으로 사탕 대신 통밀로 만든 크래커를 선택하는 것과 똑같다!

필자의 추천 방법 실제로 읽을 시간이 충분하고 흥미를 느낄 수 있는 정보원만을 구독하라. 다 읽지도 못하는 내용 때문에 질리거나 스트레스를 받는 일이 없을 것이다.

얼마큼이 적당한가?

이 질문에는 정답이 없다. 오답만 있을 뿐이다. 내 워크숍에 참가한 사람들에게 이 질문을 던지면 이런 대답이 돌아온다. "정보가 충분한 경우는 절대로 없습니다!" 나는 그렇게 생각하지 않는다. 정보가 충분한 경우도 당연히 존재한다. 우리는 사실 너무 많은 양의 정보에 자주 노출되며, 그것은 결국 정보피로로 이어진다. 이메일을 자주 확인하지 않고는 못 배기거나 페이스북에 매일 접속해야 한다면 정보 중독의 세계에 뛰어든 것이나 다름없다.

그렇다고 해서 중독자가 되었다는 생각에 불안해할 필요는 없다. 나는 커피 없이는 맑은 정신으로 아침 10시까지 웃으며 버티지 못한다! 그렇다고 커피에 중독된 것일까? 그럴지도 모른다. 하지만 그런 사실이 나의 생산성이나 판단 능력에 영향을 미치지는 않는다. 혹시 나중에 그런 날이 오면 그때 걱정해도 늦지 않다. 그러나 어마어마한 양의 정보가 시종일관 한꺼번에 찾아온다는 점을 떠올리면 정보에 대해서는 지금 당장 걱정해야 할지도 모른다.

잡지, 정기 간행물, 업계 출판물, 신문, 뉴스레터를 몇 개나 구독하는가? 온라인 기사, 블로그, 주간 뉴스 업데이트, 트위터, 페이스북 댓글, RSS 업데이트, 링크드인(미국 비즈니스 소셜 네트워크-역자 주) 업데이트, 유튜브 채널(을 비롯하여 다른 여러 가지 정보 매체)을 몇 개나 정기적으로 확인하는가? 설령 자신이 원한 정보라도 양이 너무 많으면 의욕을 떨어뜨리거나 좌절감을 안겨 줄 수 있으며, 정보 피로 현상으로 이어질 수 있다. 한마디로 정보의 바다에 빠져 허우적거리게 되는 것이다.

솔직히 말하면, 나는 한 달에 비즈니스 잡지 한 권과 비즈니스 책 한두 권을 읽기도 버겁다. 매일 일간지 4분의 1 정도를 읽고 블룸버그(경제 전문지-역자 주) 업데이트를 확인하고 저녁 뉴스까지 시청하려면 정말 힘에 부친다.

소설은 휴가 기간에만 읽는다. 책상에는 뜯지도 않은 〈하버드 비즈니스 리뷰〉가 잔뜩 쌓인 채로 나를 노려보고 있다. 유익한 아이디어가 가득하고 돈도 낸 만큼 언젠가는 전부 읽었으면 좋겠다! 매일 아침 나의 받은 편지함은 다양한 웹사이트를 통해 들어오는 '선구적인 사상가들이 내놓은 중요한 아이디어'로 꽉 찬다. 출근하자마자 이렇게 많은 양의 정보를 마주하면 처음에는 신이 나지만, 몇 시간이 지나면 해 놓은 일은 적고 더 똑똑해진 것 같은 느낌이 들지 않는다. 이른 시간인데도 벌써 피곤하기만 할 뿐이다! 엉망이거나 여유 공간 없이 가득 찬 정보 식단은 누구든 지치게 한다는 사실을 잊지 말라.

"1998년에 발행된 〈뉴욕 타임스〉 일요일 판 한 부가 19세기의 평범한 시민이 평생 얻은 정보보다 더 많은 양의 정보를 싣고 있다."

—윌리엄 판윙클(William van Winkle)

그렇다면 어느 정도가 적당할까? 활동량, 체질량, 신진대사에 따라 사람마다 필요한 칼로리의 양이나 영양소가 다르듯 정보도 사람마다 필요한 양이나 감당할 수 있는 정도가 다르다. 다음 절에서 다룰 정보 과잉의 증상이 한 가지라도 나타난다면, 하루에 수용하는 정보 중 필수적이지 않은 것들을 줄이는 방안에 대해 생각해 보라.

정보 과잉의 영향

나는 개인적으로 '거의 꽉 찬' 주차장을 매우 좋아한다. 동네 마트에 차를 끌고 가 자리가 70개나 남아 있는 것을 보면 심장이 내려앉는 기분이다. 그럴 때는 차를 주차하려고 주차장을 몇 바퀴 돌면서 완벽한 곳을 물색한다. 근처에 있는 자리는 하나같이 문제가 있다는 생각이 들고 반대편에 더 나은 자리가 있을 것이라는 확신이 든다. 하지만 빈자리가 5개나 10개밖에 없을 때는 제일 먼저 눈에 띄는 자리가 늘 마음에 드니 참 신기한 노릇이다. 스파게티 소스도 마찬가지다. 금요일 오후 5시에 마트에서 나를 쳐다보는 소스 병이 23개 대신 3개일 수는 없을까? 그 시간에는 아무 결정도 내리지 못하니까 말이다. 당신도 이런 일을 겪은 적이 있는가?

정보 과잉은 인간의 사고와 판단력, 신체 건강에 영향을 미칠 수 있다. 비즈니스 코치로서 나는 정보 과잉이 사람들에게 끼치는 영향을 가까이에서 자주 목격한다. 내가 상대하는 고객들은 주로 과로와 스트레스, 피로로 지쳐 있으며 깐깐한 상사나 배우자 혹은 가족에게 시달린다. 아주 오랫동안 휴가를 써보지 못했다고 불만을 토로하기도 한다. 그런데도 자신이 정보 과잉에 시달리고 있다는 사실을 아는 이는 극소수에 불과하며, 정보 식단을 점검하고 나서야 비로소 깨닫게 된다.

아래에 열거한 증상 중 정기적으로 나타나는 것이 있는가?

▶ 맡은 프로젝트를 떠올리거나 심지어 직장에서의 평범한 하루에 대해 생각할 때도 심장 박동이 빨라지고 혈압이 오른다.

▶ 끊임없이 짓눌리는 기분이 들고 혼란스럽거나 절망적이다.

▶ 판단력이 떨어진다.

▶ 올바른 선택을 했다고 확신했는데도 결정이 불러일으킨 결과에 놀라게 된다.

▶ 하루 일과를 마치고 다른 사람들과 느긋하게 어울리기가 쉽지 않다.

▶ 다른 사람들과 직접 교감하는 능력이 많이 부족하다. 그래서 그런 역할을 수행해야 하는 직책 자체를 피하게 될 수도 있다. 혹시 친목 도모 모임에 참석해서 내내 휴대전화로 문자 메시지를 보내거나 이메일을 확인한 적이 있는가?

▶ 그날 입수한 정보가 머릿속에 맴도는 채로 잠을 청한다. 잘 시간이 지났는데도 새로운 생각이 새록새록 떠올라 쉽게 잠들지 못하는가?

🔒 똑똑한 토막 정보

《데이터 스모그》의 저자 데이비드 솅크에 의하면 전형적인 비즈니스 경영자는 주당 100만 개의 단어를 읽는다. 장편소설에 약 9만 단어가 수록됐다고 가정하면 경영자들은 소설을 일주일에 11권이나 읽는 것이며, 매일 출근해서 2권이 좀 넘는 양을 읽는 셈이다.

이런 일이 실제로 가능하기는 한가? 엄청난 양의 정보에 노출되어 있을지언정 인간의 뇌는 그것을 전부 이해하지 못한다. 의사결정 과정에는 더 많은 양의 정보가 오히려 혼란만 가중시키는 시점이 있다.

우리 집에서는 유제품이 성인에게 좋은지 안 좋은지에 관해 의견이 분분하다. 나는 성인이 유제품을 먹는 것이 좋다고 생각하며, 그런 주장을 뒷받침하는 근거를 수도 없이 찾아냈다. 개인적으로 거품이 떠 있고 우유를 넣은 라테를 좋아하기도 하고 말이다. 하지만 다른 가족들은 유제품이 몸에 좋지 않다고 생각하며, 자신들의 주장을 뒷받침하는 근거를 나만큼이나 많이 찾아냈다. 그들은 깔끔한 맛이 나는 에스프레소를 좋아한다. 이 주제와 관련된 무료 정보가 지나치게 많은 것이 오히려 판단을 왜곡시키고 혼란스럽게 만들 뿐 아니라, 장기적으로는 건강에도 영향을 미칠 가능성이 있다.

📌 필자의 추천 방법 정보 과잉의 증상이 한 가지라도 나타나거나 일에 관한 정보에 대해 생각할 때 아찔한 느낌이 드는가? 그렇다면 정보 식단을 100퍼센트 통제하고 있다고 느낄 때까지 정보를 추려 내라.

정보 덜어 내기

신문 기사를 일일이 읽지 않아도 괜찮다. 하루의 뉴스거리를 일어나는 즉시(어차피 그다음 날이면 바뀔 테니까) 훤히 알고 있지 않아도 되며, 매주 구독하는 뉴스레터를 한두 개로 줄여도 상관없다. 내 직업은 뉴스를 실시간으로 꿰고 있어야 하는 일은 아니라서 얼마 전에 뉴스를 매일 수신하던 것을 일주일에 한 번으로 바꿨다. 믿을 만한 정보원이 일주일치 뉴스를 요약한 내용에 날카로운 논평을 덧붙였기 때문에 전반적인 상황을 파악할 수 있어서 좋다. 그것이 소란스럽고 복잡한 일일 뉴스보다 차분하고 명확하며 더 현명한 선택이라는 판단이 들었다.

정말 중요한 일이 일어난다면 어차피 알게 될 것이다. 아이슬란드에서 화산이 폭발해 심각한 항공 교통 문제가 발생했다는 소식을 공식 발표가 난 지 불과 몇 분 만에 들을 수 있었다. 모두가 그 사건에 대해 얘기하고 있었기 때문에 굳이 뉴스를 찾아볼 필요가 없었다. 물론 이런 일은 직업상 최신 국제 뉴스에 민감할 필요가 없을 때에만 가능하다. 특정 산업만을 다루는 뉴스 서비스나 로이터 통신과 같이 정보를 줄인 뉴스 서비스를 이용해 보라. 정보의 양에 압도당하지 않고 가장 중요한 소식만 접할 수 있다.

아래의 방법은 매일 노출되는 상상을 초월하는 양의 정보를 감당하도록 도와줄 것이다.

▶ 정보는 더 이상 힘이 아니다. 모두가 똑같은 정보에 접근할 수 있으므로 정보만으로는 일할 때 우위

아하, 그렇구나!

세계 뉴스를 매 순간 꿰고 있어야 할 필요가 없다면 일일보다는 일주일 단위로 뉴스를 요약하고 논평을 덧붙인 정보를 수신하는 편이 낫다. 잡음이나 선정적인 세부 사항 없이 세상이 어떻게 돌아가는지 더욱 명확한 그림을 그릴 수 있을 것이다.

를 점하지 못한다.

▸ 정보를 가공되지 않은 데이터처럼 취급해야 한다. 비판적이고 창의적인 사고로 정보를 이해하는 방법이 우리의 경쟁우위다.

▸ 인터넷에서 무료 데이터를 훑어볼 때는 회의적인 시각을 어느 정도 갖추는 것이 필수적이다.

▸ 신뢰할 수 있는 양질의 정보원을 이용하라. 시선을 끄는 링크나 광고가 많은 웹페이지는 주의력을 흐트러뜨리고 아까운 시간만 낭비하게 한다.

▸ 일하는 분야와 관계된 주요 정보를 읽는 시간을 매일 구체적으로 정해 두라. 반드시 책상에 앉아서 읽어야 한다면 컴퓨터를 끄거나 웹브라우저를 닫으라. 이 시간은 이메일을 읽는 시간이 아니다.

▸ 스팸메일 필터와 같은 정보 필터를 이용하라. 또한 온라인으로 물건을 구매하거나 새로운 웹사이트 회원 가입 시 이메일 주소를 기재할 때 신중을 기하라.

▸ 정보를 무작위로 훑어보는 일은 삼가라. 인터넷에서 정보를 검색할 때는 구체적인 계획을 세우는 편이 좋다. 눈길을 끄는 배너나 광고 문구에 현혹되지 말고 집중하려고 노력하라.

▸ 취미로 온라인상에서 시간을 보낼 때와 업무차 정보를 검색할 때를 분명하게 구분하라. 둘 사이의 경계선이 흐려지지 않도록 주의하라.

이런 방법 외에 또 한 가지 방법을 제안하려고 한다. 처음에는 다소 과격한 해결책으로 여겨질 수도 있으니 마음에 들지 않으면 묵살해도 좋다. 그러나 정보 식단에 대한 통제권을 정말로 되찾고 싶다면 계속 읽어 내려가기 바란다.

다양한 정보원을 이용하거나 반복적인 작업을 수행하는 특정한 시간과 횟수를 정해 두라. 예를 들어 이메일을 매시간 45분에서 정각까지 15분간 확인할 경우 45분간 방해받지 않고 일할 수 있다. 물론 하루에 최대 두세 번만 확인할 수 있으면 더욱 좋다. 이런 방법에 대해 얘기하면 나의 트레이닝 프로그램에 참가한 이들은 믿을 수 없다는 반응을 보인다. 이메일을 확인하는 횟수를 줄이는 일은 실제로 가능하다. 하지만 우리는 역사를 뒤바꿔 놓을 중요한 사건을 놓치기라도 할까 봐 메일함의 '띠링' 소리나 이메일의 도착을 알리는 팝업 창의 노예로 살아간다.

새로운 메시지가 도착했을 때 휴대전화를 집어 들거나 받은 편지함을 열면 무슨 일이 일어나는가? 많은 사람들은 메시지를 확인하고 나서 나중을 위해 체크해 두거나 '읽지 않음'으로 설정한다. 답장을 즉시 보내거나 메시지를 제대로 처리할 수 없는 경우가 대부분인데도 메시지를 당장 읽지 않고는 못 배기는 것이다.

하루를 정해 이메일을 정해진 시간에만 주기적으로 확인해 보라. 처음에는 안절부절못할 수도 있겠지만 곧 해방감을 느낄 것이며, 하루 일과를 다시 통제할 수 있을 것이다. 정보는 더 이상 힘이 아니다. 정보를 통제하는 것이 힘이다.

쓰레기통 목록을 작성하라

해야 할 일을 정리한 목록은 모양이나 크기, 복잡한 정도가 제각기 다르다. 머릿속에 저장해 둔 내용부터 영수증 뒷면에 끼적인 메모, 정교한 GTD(getting things done) 시스템 또는 프로젝트 관리 플로차트에 이르기까지 그 형식은 실로 다양하다. 이런 목록은 생활에 없어서는 안 되며 매우 유용하게 쓰일 수 있다. 다음에 해야 할 일이 무엇인지, 일의 양이 얼마나 되는지, 언제까지 끝마쳐야 하는지에 집중할 수 있게 해 준다.

하지만 이런 목록은 잡초처럼 자라날 수도 있다. 이 글을 읽는 지금 이 순간 그런 목록을 몇 개나 갖고 있는가? 적극적으로 관리하고 적힌 항목을 부지런히 줄여 나가지 않으면 목록은 자그마한 정원에서 나무가 무성한 숲으로 순식간에 변해 버린다.

혹시 해야 할 일을 적은 목록에 6개월이 넘도록 남아 있는 항목이 있는가? 결코 줄어들지 않거나 절대로 하게 되지 않는 항목이 가득한 목록은 우리의 의욕을 극도로 떨어뜨린다. 2년 동안 한 번도 입지 않은 옷들이 옷장에 걸린 채 공간만 차지하는 상황을 생각해 보라. 이와 마찬가지로 목록에서 항목을 그어 버리기란 쉬운 일이 아니다. 그러나 어떤 항목이 6개월 동안이나 그대로 있다면 그 일을 절대로 끝마치지 못할 것이라는 사실을 인정해야 할지도 모른다. 당장 신경 쓰기에는 중요도가 떨어진다는 점에 대해서도 생각해 봐야 한다. 어쩌면 목록에서 지워 버려야 할 때가 아닐까? 정말 중요한 항목이

라면 어차피 목록에 다시 등장할 것이
다. 다음번에는 좀 더 긴급한 항목으로
말이다.

　실제 생활에서도 더 이상 생산적이
지 않거나 보람이 없는데도 계속 하고

아하, 그렇구나!
페이스북이나 다른 소셜 미디
어에 매일 15분씩만 덜 들여도 주말
에 친구나 연인, 가족과 최소한 한 시
간은 더 보낼 수 있다.

있는 일이 있을지도 모른다. 나는 한동안 일감을 얻으려고 온갖 종류의 전문
적인 이익집단 모임에 참석했다. 이는 시간이 아주 많이 걸리는 일이었다. 그
런데 일감이 주로 어디서 조달되는지 알아보려고 회계 감사를 실시하고 나니
막상 모임을 통해 일이 들어오는 경우는 극히 드물다는 사실을 깨달았다. 모
임에 2년이나 나간 뒤에야 알게 된 것이다. 실제로는 80 대 20퍼센트의 원칙
이 적용된다는 사실이 밝혀졌다. 일감의 80퍼센트가 인적 네트워크의 20퍼
센트에 해당하는 부분에서 조달되는 것이다. 이 일을 계기로 나는 비생산적
인 모임에 나가는 것을 그만두고 보람을 가장 많이 느낄 수 있는 일에 에너지
를 쏟게 되었다.

　대부분의 사람들은 해야 하는 일에 집중하기 바빠 매일 하는 활동 중에서
생산성이 떨어져 버린 것들을 추려 내지 않는다. 그런 활동을 더 많이 그만둘
수록 정말 하고 싶고 또 해야 하는 일을 할 시간이 생긴다.

우리는 멀티태스킹을 못하는데도 하려고 애쓴다

CEO 개인 비서 급구

CEO를 모시고 출장 가능한 자. 장시간 근무하고 압박감 속에서도 차분하게 일할
수 있는 자. 타고난 네트워킹 능력과 완벽한 멀티태스킹, 상냥한 성격은 고된 직
책을 성공적으로 수행하는 데 필수적임. 안으로 들어와서 지원할 것.

이 CEO에게 필요한 것은 개인 비서인가, 컴퓨터인가?

'멀티태스킹(multitasking)'이라는 용어는 컴퓨터 시대에 들어와 만들어진 말이다. 그 이전에는 존재하지 않았다. 진짜 멀티태스킹 기계는 두 개의 프로세서가 동시에 일을 처리할 수 있는 구조다. 만일 사람이 두 개의 프로세서를 가지고 태어났다면 이런 장애를 고치기 위해 급히 수술을 받아야 할 것이다.

자기 분야에서 최고의 역량을 발휘하는 사람들은 뛰어난 멀티태스킹 능력에 자부심이 있지만, 인간은 프로세서를 두 개나 갖추고 있지 않다. 따라서 우리가 추가로 하는 어떤 활동이든 당장 하고 있는 활동에 쓰이는 자원이나 처리 능력의 일부를 필요로 한다. 인간은 두 가지 일을 병행하지 못할뿐더러 (100퍼센트 정확하게 할 수는 없다는 말이다) 수시로 번갈아 가며 둘 다 잘하기를 기대할 수도 없다.

내일 출근하면, 일하다가 방해를 받아 주의력이 흐트러지는 경우가 몇 번이나 생기는지 세어 보라. 숫자를 보고 아마 깜짝 놀랄 것이다. 다시 집중해서 방해받기 전의 상태로 돌아가기까지 몇 분이나 걸렸는가? 관찰 결과 15분이나 걸리는 사람들이 허다하다. 그 숫자에 매일 방해받는 횟수를 곱하면 정말 바쁘게 사는 것 같은데도 일이 아주 더디게 진행되는 날이 있는 이유를 알 수 있다.

그렇다면 어떻게 샤워하면서 노래를 부르거나, 걸어가면서 음식물을 씹거나, TV를 보면서 밥을 먹을 수 있을까? 이런 행동은 모두 무의식적으로 하는 것이기에 가능하다. 어떤 행동을 충분히 자주 반복하면 무의식이 그 행동을 지배하게 되어 하고 있는 일에 대해 생각할 필요가 없어진다. 하지만 우리는 매일 업무차 하는 활동의 대부분을 무의식적으로 할 수 있을 만큼 자주 반복하지 못한다. 제트 여객기 조종사 두 명이 비행기를 운항하면서 이메일을 확인할 수 있을 것이라고 생각한 적이 있었다. 그러나 둘이 합쳐 31,000시간에 달하는 조종 경력인데도 피곤하지 않은 상태에서 두 가지 일을 동시에 해내지 못했다.

2009년 10월 27일

지난주에 목표 지점을 약 150마일 벗어났던 제트 여객기의 조종사들이 노트북 컴퓨터를 사용하느라 시간이 가는 줄도 모르고 항공로를 이탈하는 줄도 몰랐다고 월요일에 연방 보안 관계자들이 전했다. [CNN]

 틀린 생각 바로잡기

우리는 멀티태스킹이 당연시되는 세상에 살고 있다. 멀티태스킹을 하지 못하면 경쟁력이 없는 것이나 마찬가지다.

⫸ 다시 생각해 보라! 사람들의 생각과 달리 멀티태스킹은 개인의 능률과 생산성을 떨어뜨리고 사기를 꺾는다. 멀티태스킹 능력이 있다고 해서 더 가치 있는 일꾼이 되는 것은 아니다.

한 번에 한 가지 일만 하기

멀티태스킹의 한계를 극복할 수 있는 방안이 있을까? 그렇다. 유니태스킹 (unitasking)을 하면 된다. 유니태스킹은 말 그대로 당장 하고 있는 일에 모든 정신력을 쏟아부어 한 번에 한 가지 일만 하는 것이다. 하지만 유니태스킹이 생산성을 높여 준다고 해서 입사 면접에서 유니태스킹을 얼마나 잘할 수 있는지에 대해 얘기하는 것은 바람직하지 않을지도 모른다!

두 가지 일을 동시에 둘 다 잘해야 한다는 잘못된 생각은 한동안 지속될 것이다. 그러나 유니태스킹을 하면 하루하루 들이는 노력에 대한 보람도 커지고 아이디어도 더 잘 떠오르며 훨씬 생산적인 하루를 보내게 되리라.

정보 식단을 **관리하는** 특별 비법

1. 인터넷에서 정보를 검색할 때는 "최고만을 취하고 나머지는 버려라."라는 격언이 도움이 된다. 가능한 한 양질의 정보원만을 이용하라.

2. 전자 매체를 통해 얻는 정보가 지식은 아니라는 사실을 기억하라. 그런 정보가 이성이나 판단력, 사고력을 대신해서는 안 된다.

3. 전자 매체를 통해 얻는 정보는 생각을 형성할 때 필요한 기본 데이터로만 활용하라.

4. 자신의 정보 식단을 살펴보고 정보 과잉 증상이 나타나는지 확인하라.

5. 정기적으로 읽지 못하는 정보원의 구독을 해지하라. 나중에 그 정보가 필요해지면 인터넷에서 간단하게 검색하면 된다.

6. '하지 말아야 할 일' 목록을 작성하기 시작하라. 생산성이 떨어져 더 이상 하지 말아야 할 활동을 추려 낼 수 있게 도와줄 것이다.

7. 너무 많이 하는 활동이 있다면 그 횟수를 줄여 보라. 꼭 하고 싶은 일과 반드시 해야 하는 일을 할 시간이 늘어날 것이다.

8. 근무 중에 얼마나 자주 방해를 받는지 세어 보고, 그것이 생산성에 미치는 영향을 살펴보라.

9. 방해받지 않고 짧은 시간 동안만이라도 일에 집중하도록 노력하라. 이메일 확인 또는 다른 반복적인 작업은 특정한 시간에만 수행하라.

10. 가능한 한 어디에서나 한 가지 일에만 몰두하라.

개인적인 사고 도구
활용하기

CHAPTER 3

   몇 년 전에 규모가 큰 투자 회사에서 근무할 당시 나는 폭스바겐을 끌고 다녔다. 그 폭스바겐을 정말 아꼈는데, 매일 똑같은 주차 구역에 세우곤 했다. 가끔은 주말에도 회사 주차장의 같은 자리에 주차했다. 그러던 어느 날 회사 동료와 격론을 벌이고 기분이 나쁜 상태로 차에 탔다가 후진하면서 기둥을 들이받은 일이 있었다. 맨 처음 들었던 생각은 이랬다. '뭐야 이거? 기둥이잖아! 여기 언제부터 기둥이 있었지?' (사실 정말로 맨 처음 들었던 생각은 출판사 편집장이 책에 실을 수 없다고 얘기한 문제의 단어였다!) 전날까지만 해도 기둥이 그 자리에 없었다고 자신 있게 말할 수 있었지만 그것은 나의 착각이었다! 알고 보니 그 기둥은 약 15년 전에 주차장을 지을 때부터 항상 그 자리에 있었다. 그런데도 한 번도 알아차리지 못했으니 얼마나 이상한 일인가. 불행하게도 보험 회사는 나의 놀라움을 전혀 이해해 주지 않았다.

   시간이 얼마간 흐르고 이 사고에 대해 잊고 살았는데, 머지않아 이와 연관된 훨씬 심각한 사건이 발생하고 말았다. 아들이 태어난 지 몇 주가 지났을 무렵 나는 홍콩의 아파트 근처 부두에서 다시 아침 산책을 즐기기로 했다. 아들에게도 얼마나 아름다운 나들이가 될 것인가? 그래서 어느 이른 아침 새들의 지저귐과 바람 한 점 없는 아침 공기를 만끽하면서 집을 나섰다. 그렇게 몇 분이 흘렀는데 뭔가 허전한 기분이 자꾸 들었다. 느낌을 무시하고 부두를 향해 걸으면서 바다의 전경을 계속 감상했는데 문득 무엇이 빠졌는지 깨달았다. 아기를 두고 나온 것이다!

다행히 아들은 보모가 아래층에서 분주히 움직이는 동안 엄마의 실수를 전혀 눈치채지 못한 채 침대에서 곤히 잠들어 있었다. 이제 막 엄마가 된 여자가 이런 일을 겪은 것이 분명히 처음은 아니겠지만, 나는 이것을 단순한 실수나 잘못된 판단의 결과라고 인정할 수 없었다. 왜 그런 일이 일어났는지 더 자세히 알아야만 했다. 이 사건을 계기로 떠나게 된 여정은 매우 흥미로운 것이었다. 인간의 관제탑, 조종실, 중앙 처리 장치 혹은 그랜드 마스터라고 불리는 기관, 즉 매혹적이고 신비로우면서도 변덕스러운 뇌를 이해하기 위한 여정이었다. 우리가 갖고 있는 사고 도구 중에서 스위스 군용 칼처럼 가장 중요한 도구에 대해 연구하지 않고는 더 똑똑하게 생각하는 법을 배울 수 없다.

눈으로 봐도 알아차리지 못한다

이제부터 불가사의한 정신세계의 어두운 골목골목을 누빌 예정이니 조사관 복장으로 나의 조사를 도와주기 바란다. 나는 누구나 크고 작은 것들을 못 보고 넘어가게 마련이며, 그것이 우리 자신의 탓이 아니라는 사실을 찾아냈다. 이런 발견을 뒷받침하는 증거를 제시하면서 이 절을 시작하겠다. 그것은 보험 회사들이 결코 인정하지 않을 조사 결과다!

세월이 흐르면서 컴퓨터의 속도는 점점 더 빨라졌지만 인간의 지능은 컴퓨터처럼 빛의 속도로 발전하지 못했다. 그러나 인간에게는 복잡한 감정을 이해하고 생산하는 능력과 같은 다른 뛰어난 자질이 있다. (일본에서 로봇이 사회를 본 결혼식이 최초로 열렸다는 기사를 읽고 나니 미래에 인공지능이 우리에게 무엇을 선사할 수 있을지 기대된다.)

컴퓨터는 다양한 경로를 통해 정보를 수용한다. 키보드, 마우스, 무선 인터페이스, 터치스크린, USB 외에도 여러 가지 종류의 입력 장치가 있다. 어떤 면에서는 이런 장치를 컴퓨터의 '감각 기관'이라고 볼 수 있다. 우리가 이 세상에 대해 알고 있는 모든 것은 오감 중 한 가지에서 비롯되게 마련이다. 우리는 보고, 듣고, 느끼고, 맛보고, 냄새를 맡을 수 있는 것에 대해서만 생각할 수 있다. 육감에 대한 얘기도 많지만 그 부분은 나보다 그 주제에 대해 더 많이 아는 사람들에게 맡겨야겠다.

감각이 인간의 입력 장치에 해당한다면 우리가 주변 세상을 이해할 수 있는 유일한 방식은 무엇인가를 보고 듣고 느끼고 만지거나 냄새를 맡음으로써 정보를 수용하는 것이다. 우리는 중요도에 관계없이 모든 결정을 오감에 의지한다. 의사결정과 문제 해결에서 신체가 하는 역할에 대해 얘기하지 않고서는 그 어떤 의사결정에 관한 책도 완전할 수 없다.

똑똑한 토막 정보

인간의 감각은 의사결정과 문제 해결 과정에서 매우 중요한 역할을 한다. 우리가 내리는 모든 결정은 어떤 식으로든 감각을 통해 입력된 정보에서 비롯되기 때문이다.

전체적인 상황 파악하기

불행하게도 인간의 감각이 정보를 수용하고 전달하는 방법에는 다소 제한적인 면이 있다. 이는 우리의 결정과 그 결정이 낳는 행동에 심각한 영향을 미칠 수 있다.

만일 영화를 보다가 크게 잘못된 부분이 있으면 눈에 띌 것이라고 생각하는가? 그렇다면 콘티상 실수한 부분이 〈타이타닉〉에 210군데, 〈아이언맨 2〉에 44군데(아직 다 발견하지 못했기 때문에 더 있을 가능성도 있다)나 있는 것을 눈치챘는가? 〈캐리비안의 해적〉에서 블랙펄호에 흰색 카우보이모자를 쓴 선원이 있는 것을 봤는가?(www.moviemistakes.com에서 인용) 이 영화에는 편집자가 못 보고 넘어간 실수가 241개나 더 있다는데 혹시 발견했는가? 전혀 몰랐는가? 나도 눈치채지 못했다.

> "책을 읽거나 누군가와 대화를 나눌 때마다 뇌에서는 물리적인 변화가 일어난다. 새로운 경험을 할 때마다 뇌에 변화가 생기고, 그 변화가 영구적인 경우도 있다고 생각하면 조금 무서운 생각이 들기도 한다."
>
> —조지 존슨(George Johnson)

나의 비판적 사고 훈련 프로그램에서는 참가자들에게 3분 정도 되는 짤막한 영상을 보여 준다. 참가자들은 3분 동안 어느 조사관이 살해 사건이 발생한 집에서 일하는 사람들을 심문하는 장면을 보게 된다. 조사관의 얼굴이 클로즈업될 때마다 배경이 여기저기 바뀌는데, 심지어 죽은 사람을 연기하는 배우도 바뀐다. 그런데도 비디오를 보고 나서 어떤 부분이 바뀌었냐고 물어보면 모두 멍한 시선으로 나를 쳐다볼 뿐이다. 비디오를 보는 동안 바뀐 부분이 21군데나 있었다는 사실을 눈치채는 사람은 한 명도 없다.

사람은 누구나 '변화 맹시'라는 것에 시달린다. 이런 현상은 어떤 그림이나 장면에서 크고 작은 변화가 일어나도 눈치채지 못할 때 나타난다. 변화는 대체로 눈을 깜빡일 때처럼 시각이 일시적으로 끊어지는 현상과 동시에 일어난다.

이제 아래의 숫자들을 몇 초 동안 살펴보고 어떤 숫자가 가장 큰지 기억해 두라. 그리고 책장을 넘겨라.

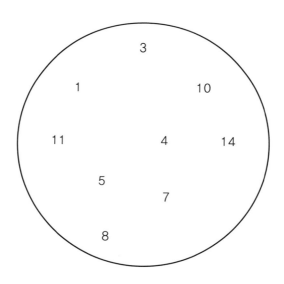

🔒 똑똑한 토막 정보

인간은 단기 기억력에 한계가 있고 주의력 지속 시간이 짧기 때문에 놀랍게도 보는 것의 극히 일부만을 기억한다.

가장 큰 숫자를 다시 찾아보고 어떤 숫자가 바뀌었는지 맞춰 보라.

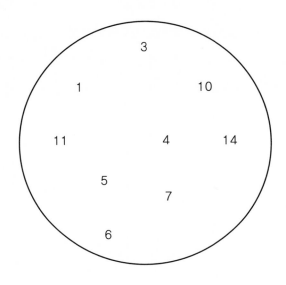

혹시 답을 맞춰 보려고 앞 페이지로 돌아가야 했는가? 앞 페이지에서 가장 큰 숫자를 찾을 때 숫자를 모두 훑어봤을 텐데도 이 페이지에서 어떤 숫자가 바뀌었는지 몰랐을 수도 있다.

이런 자연적인 한계는 흥미로운 결과를 낳는다. 누구나 보는 것의 일부만을 기억하고 개개인은 고유하기 때문에 우리는 똑같은 그림이나 대화라도 각자 다른 부분을 기억할 가능성이 크다. 주위 환경에 관한 정보를 저마다 다르게 해석하는 것이다. 여기에는 매우 유용한 교훈이 숨어 있다. 보고 듣는 것을 100퍼센트 신뢰하려고 하지 말아야 한다는 점이다. 이런 이유로 의견 충돌이 일어날 때 동일한 주제를 두고 다양한 해석이 가능한 경우가 많으며, 이런 다양성은 허용되어야 마땅하다. 더 똑똑하게 사고하는 사람은 항상 "내가 여기서 무엇을 간과하고 있지?"라고 자문할 것이다.

자신의 맹점을 찾아라

슬슬 전반적인 상황이 그려지기 시작하는가? 아니면 아직도 빈 곳이 군데 군데 남아 있는가? 전반적인 상황을 훑어볼 때 눈은 우리를 속인다. 이제 눈에 보이는 것만이 실제라고 믿게 하는 눈속임에 대해 살펴보자. 눈에 보이지 않는 것도 실제로 존재한다는 사실을 알게 될 것이다.

이 글을 공공장소에서 읽고 있다면 다음 실험을 위해 집에 도착할 때까지 기다리기 바란다. 책을 얼굴에 아주 가까이 갖다 댄 채 오른쪽 눈은 가리고 왼쪽 눈으로는 X를 응시하라. 이제 책을 얼굴에서 천천히 떨어뜨리고 O에 어떤 변화가 생기는지 살펴보라.

A	O	X

O가 시야에서 완전히 사라졌는가? O는 사라졌지만 맨 왼쪽에 있는 A는 여전히 보인다. 책을 더 멀리 떨어뜨리면 O가 다시 나타난다. O가 사라지기도 하지만 그 자리에 대신 매끄러운 회색 배경이 보이니 정말 이상한 현상이지 않은가? 방금 무슨 일이 일어난 걸까?

당신은 방금 눈의 맹점을 발견한 것이다! 눈의 망막에는 시신경이 지나가야 하는 자리가 있는데 이 부분으로는 아무것도 보이지 않는다. 그렇다고 해서 빈 공간이 보이는 것은 아니며, 시각이 끊어지지 않고 부드럽게 이어지도록 뇌와 눈이 서로 결탁한다. 말 그대로 빈칸을 채우는 것이다.

하루하루 결정을 내리거나 문제를 해결할 때 어떤 감각에 가장 많이 의지해서 정보를 수집하는가? 설령 눈이라고 대답하지 않았더라도 오감이 모두 제대로 기능한다면 눈이 아슬아슬하게 두 번째로 꼽혔으리라 생각한다. 감각에 한계가 있다는 점은 의사결정 과정의 질을 결정하는 데 상당히 실질적인 요소다.

지금 어떤 생각이 드는지 알고 있다. 직업상 무엇인가를 발견해야 하는 사람들은 어떤가? 의사, 방사선 전문의, 편집자, 회계 감사원, 또는 공항에서 위험 물질이 있는지 확인하려고 수하물을 검사하는 사람들은 어떤가? 그런 사람들은 분명히 일반인보다 관찰력이 훨씬 뛰어나지 않을까? 각각 질병의 증상, 암의 징후, 오자, 회계상의 변칙 사항, 폭탄과 같은 구체적인 문제를 찾아내려고 하는 사람들이지 않은가.

아무도 눈치채지 못하지만 'Chiie'와 'Chile'는 엄연히 다르다

일전에 지역 신문을 읽다가 피식 하고 웃음이 난 일이 있었다. 칠레 조폐국이 'Chiie'라고 쓰인 동전을 주조했다는 내용의 기사 때문이었다. 그렇다. 국가 칠레의 철자법이 잘못 표기되었는데도(l 대신 i라고 쓰여 있었다) 2년 동안 아무도 눈치채지 못한 것이다. 과연 수천 명이나 되는 사람들이 이 작은 오타를 보지 못하고 넘어가는 일이 가능할까? 물론이다. 매일 정보를 수집하거나 자동차를 운전하거나 새로운 마케팅 전략을 검토할 때 우리는 무엇을 못 보고 지나치는가? 30분도 채 안 되는 시간 동안 작성해서 승인까지 받아야 하는 언론 보도 자료를 편집할 때는 무엇을 놓치는가?

아하, 그렇구나!

중요한 사항을 간과하고 나서 "내가 어떻게 저걸 놓쳤지?"라고 자문한 적이 있더라도 너무 자책하지 말라. 그런 일은 누구에게나 일어난다. 심지어 특정한 것을 발견하도록 훈련받은 전문직 종사자들도 놀랄 만큼 실수할 때가 많다.

위에서 언급된 분야 중 한 가지를 살펴보자. 방사선 전문의는 엑스레이 필름을 보고 암이나 다른 질병을 발견하는 매우 중요한 일을 한다. 살다 보면 누구든 생명을 위협할지도 모르는 암을 진단하려고 방사선 전문의에게 의지하게 될 수도 있다. 방사선 전문의가 실수하는 비율이 25~30퍼센트에 육박한다는 보고가 개인적으로는 아주 걱정스럽다. 그중 무려 80퍼센트는 문제점이 엑스레이에 빤히 보이는데도 못 보고 넘어가서 생긴 실수다.* 의료 기술과 의료진 훈련 방식은 눈에 띄게 진보했지만 인간이 변칙 사항을 발견하는 능력은 현저히 향상되지 않았다.

솔직히 말하자면, 다른 사람들도 바로 코앞에 있던 것을 못 보고 놓쳤다는 사실이 나에게는 별로 위로가 되지 못했다. 아끼는 자동차를 기둥에 들이받은 데다 아기를 데리고 산책하러 간다는 말은 실제로 아기가 따라와야 한다는 의미라는 것조차 잊어버리지 않았는가. 그래서 양심을 달래 줄 무엇인가를 찾을 때까지 조사를 계속하게 되었다.

---

* 쉬블리 크리스토퍼(Shively Christopher M.), '경영 방사선학의 품질', 〈이미징 이코노믹스 (Imaging Economics)〉(2003년 11월)

"뇌는 정말 아름다운 기관이다. 일어나는 순간부터 일하기 시작해서 사무실
  에 들어설 때까지 멈추지 않는다."

-로버트 프로스트(Robert Frost)

뇌는 현명하지 못한 쇼핑객이다

전문가들에 따르면 인간의 뇌는 초당 100비트의 속도로 정보를 처리한다. 나 역시 이 말이 무엇을 뜻하는지 전혀 모르겠지만, 오감을 통해 뇌가 얼마큼의 정보를 접하는지 생각해 보면 모든 것이 명확해진다.

10달러만 들고 슈퍼마켓에 가면 맛있는 것을 10달러어치 이하로 살 수밖에 없다. 물건을 살 때 장바구니가 있다면 좀 더 편리하게 물건을 담을 수 있을 것이다. 이번에는 대형 마트에 가서 11,201,000달러어치의 수표를 당장 써야 하는 상황을 가정해 보자. 물론 조건이 있다. 물건을 장바구니 한 개에 모두 담아야 한다.

이것은 인간의 뇌가 매일 겪고 있는 상황을 은유적으로 표현한 것이다. 뇌는 초당 수백만 비트의 정보를 접하지만 작은 장바구니 한 개에 모든 정보를 담아야 하는 상황이다. 더욱 어려운 점은, 뇌가 더 많은 정보를 저장할 목적으로 창고를 구비하고 있기는 하지만, 이 창고는 한 번에 장바구니 한 개씩으로만 채울 수 있다는 것이다. 이 말인즉슨, 인간의 뇌는 어떤 정보를 장바구니에 쑤셔 넣어 들고 가야 하는지, 어떤 정보를 마트 선반에 그대로 둬야 하는지 판단해야 한다는 말이다.

감각은 이 모든 정보를 창출하고 대형 마트의 선반에 쌓아 두는 역할을 한다. 아래에서 보듯이 오감은 저마다 정보를 제공하는 정도가 다르다.

인간의 뇌는 오감을 통해 들어오는 신호를 모두 처리하지 못한다. 장바구니의 크기가 너무 작기 때문이다.

▶ 눈(시각) : 10,000,000달러어치

▶ 귀(청각) : 100,000달러어치

▶ 피부(촉각) : 1,000,000달러어치

▶ 코(후각) : 100,000달러어치

▶ 입(미각) : 1,000달러어치

우리가 상당히 많은 양의 정보를 놓친다는 사실이 여전히 놀라운가?

필자의 추천 방법 친구나 파트너 또는 배우자와 마지막으로 의견이 엇갈렸던 때를 떠올려 보라. 그리고 양측의 관점에서 관련된 세부 사항을 종이에 적어 보라. 똑같은 사실, 그림, 상황이라 하더라도 사람마다 다르게 해석할 수 있다는 것이 눈에 보이는가?

우리는 다른 사람이 보거나 들은 것을 놓칠 때가 있다. 그 사람이 틀린 것은 아니지만, 그렇다고 해서 우리가 틀린 것도 아니다. 인간의 뇌가 제한적인 양의 정보만을 처리할 수 있다면 장바구니 안에 들어가지 않는 정보는 어떻게 될까? 나머지 정보는 삭제되거나 왜곡되거나 일반화된다. 이런 처리 방식은 뇌가 수신하는 어마어마한 양의 정보를 감당할 수 있게 돕는다.

필자의 추천 방법 사람들에게 지시 사항을 명확하게 전달했는데도 나중에 보면 완전히 잘못 이해했다는 사실을 알게 될 때가 있다. 정말 중요한 작업을 하고 있다면 사람들이 제대로 알아들었는지 확인하기 위해 전달 사항을 반복해서 말해 달라고 부탁하는 편이 안전하다.

그런데 만일 우리가 뇌의 10퍼센트만 사용한다면 나머지 90퍼센트를 활성화시켜서 수신하는 정보를 모두 처리하면 되지 않을까? 그러면 문제가 해결될 것이다!

아직 속단하기는 이르다! 한번 생각해 보라. 뇌의 부위마다 사람의 생각이나 사고 과정, 기능, 행동에 미치는 영향이 각각 다르다. 만일 회백질과 백질의 100퍼센트를 사용할 수 있다면 우리는 할 줄 아는 모든 일을 동시에 수행할 수 있을 것이다. 하지만 전력 과부하로 인해 망가진 전구처럼 필라멘트가 끊어질 가능성이 크다. 또한 뇌의 어느 부위든 손상을 입으면 정상적으로 기능하는 능력이 저하되게 마련이다. 우리는 뇌의 100퍼센트를 사용하지만 모든 부위를 동시에 사용하지는 않는다.

이런 게으른 놈들! 잠재력을 다 발휘하려면 90퍼센트는 더 노력해야 돼!

틀린 생각 바로잡기

인간이 뇌가 지닌 실제 잠재력의 10퍼센트만 이용한다는 사실은 누구나 알고 있다. 아무 일도 안 하는 나머지 90퍼센트를 이용할 수 있다면 우리 모두 노력을 많이 하지 않고도 더 똑똑하게 생각할 수 있을 것이다.

▶ 이는 수많은 사람들이 더 똑똑해지려고 노력하는 데 동기를 부여한 매우 널리 알려진 낭설이다. 이 낭설을 뒷받침하는 과학적인 근거가 전혀 없다고 말해야 하는 상황이 안타까울 따름이다. 특정 기능을 수행하라는 요구가 있을 때 뇌는 거기에 해당하는 부위를 사용하는데, 이런 식으로 뇌의 모든 부위가 사용된다는 증거가 있다.

조사를 마치고 나니, 천천히 작동하고 중요한 세부 사항을 놓치며 나를 속이기도 하는 불완전한 프로세서를 갖고 있는 것에 대해 기분이 좀 나아졌다. 나만 그런 것이 아니라 모두가 똑같은 처지이지 않은가!

물론 문제점을 찾아내는 것과 해결책을 찾아내는 것은 별개의 일이다. 그렇다면 어떤 해결책을 강구해야 할까? 맹점을 극복하는 방법 또는 수신하는 정보를 더 많이 처리할 수 있도록 뇌에 더 많은 대역폭을 할당하는 방법에 대해 생각해야 할까? 방사선 전문의나 회계 감사원, 편집자는 시력을 향상시키기 위해 라식 수술이라도 받아야 한단 말인가?

신체적인 한계에 대처하는 방안은 한계를 어떻게 극복할 수 있는지 알아내는 것이 아니라, 그런 한계 내에서 어떻게 더 효과적으로 기능할 수 있는지 배우는 것이다. 한계가 분명히 존재하고 그것이 우리에게 어떤 영향을 미치는지 이해하는 것은 그런 한계가 사고 과정에 미치는 영향력을 줄일 수 있는 첫걸음이다.

이 말은 우리가 생각하는 것만큼 똑똑하지 않다는 뜻인가? 그렇다면 우리가 얼마나 똑똑한지 어떻게 알 수 있을까? 감각 기관은 어떤 증거를 수집하여 우리가 얼마나 똑똑한지 판단하도록 돕는 것일까? 뇌는 이런 증거를 제대로 처리하고 있을까? 이런 여러 가지 질문에 대해 생각해 보기 바란다.

인간의 오감과 정보 처리 능력이 미치는 영향을 이해하고 훌륭한 결정을 내리는 데 도움이 될 만한 아이디어를 제시하면서 이 장을 마치려고 한다.

개인적인 사고 도구를 **최대한 활용하는** 특별 비법

1. 뇌의 물리적인 한계와 그것이 인간에게 영향을 미치는 방식을 이해하라. 이는 그런 한계가 사고 과정에 미치는 영향력을 줄이는 첫걸음이다.

2. 누구나 정보를 다르게 해석할 것이라는 사실을 기억하라. 각자 세상을 보고, 듣고, 맛보고, 느끼고, 냄새를 맡는 방식은 우리다. 이것은 우리만의 고유한 해석이며 사람마다 다를 수밖에 없다.

3. 당신이 보거나 들은 것을 다른 사람이 놓쳤다는 이유만으로 그 사람이 틀렸다고 단정짓지 말라.

4. 문제를 가능한 한 다양한 방식(문자 그대로, 또 상징적으로)으로 살펴보라. 못 보고 넘어갔을지도 모르는 크고 작은 세부 사항을 찾아내는 데 도움이 될 것이다.

5. "내가 여기서 놓친 것이 무엇이지?"라고 끊임없이 자문하라.

6. 다른 사람들에게 "제가 여기서 놓친 것이 무엇이죠?" 또는 "당신이라면 어떤 다른 방법을 선택하겠습니까?"라고 물어보라.

7. 보거나 듣는 것을 100퍼센트 신뢰하지 말라. 인간의 뇌는 감각을 통해 들어오는 모든 정보를 동시에 처리할 수 없기 때문에 정보를 삭제하고, 왜곡시키고, 일반화한다.

8. 사람들에게 중요한 지시 사항을 알려 주고 나서 어떤 일을 해야 하는지 반복해서 말해 달라고 부탁하라. 그러면 당신이 한 말을 사람들이 100퍼센트 이해했는지 알아볼 수 있을 것이다.

9. 휴식을 자주 취하고, 피곤하거나 스트레스를 받을 때는 중요한 결정을 내리지 말아야 한다. 나중에 후회하게 될지도 모른다.

10. 프로젝트를 마무리 짓거나 중요한 결정을 내리기 전에 정신적으로 재충전하는 시간을 마련하라. 휴식을 취한 뇌는 이전에 알아채지 못한 오류나 맹점을 찾아 줄 수 있을 것이다.

의사결정 시
감정 활용하기

"인간의 행동은 욕구, 감정, 지식이라는
세 가지 근원에서 흘러나온다."
—플라톤

CHAPTER 4

감정은 의사결정에 필수적이다

정말 중요한 결정을 내려야 할 때, 나는 최종 행동을 취하기 전에 여러 가지 준비를 한다. 장단점을 따져 보고, 일어날 가능성이 있는 결과에 대해 조사하며, 이런 결과를 바탕으로 스트레스 테스트를 실시하기도 한다. 결정을 내리게 될 환경을 이해하는 데 시간을 들이기도 하니 이 얼마나 복잡한 과정인가? 만일 석 달에 한 번꼴로 결정을 내려야 한다면 이런 교과서적인 과정을 매번 거칠 수 있을 것이다.

하지만 우리는 누구나 하루에도 수백 가지 결정에 직면한다. 오늘 아침 일터에 도착하기 전까지 결정을 몇 가지나 내렸는가? 시계 알람이 울릴 때 일어나거나 일어나지 않는 것도 하나의 결정이다. 그날 입을 옷을 고르고, 아침 식사로 무엇을 먹을지 정하고, 지하철을 타려고 뛸 것인지 노란 신호등일 때 속도를 내어 건너갈 것인지 판단하는 것도 모두 결정이다. 대부분의 사람들은 두려운 갈림길에 놓이기도 한다. 오늘 아침에 운동을 할 것인가, 말 것인가?
만일 출근길에 스타벅스에 들러 (스타벅스의 마케팅 자료에 의하면) 종류가
87,000가지나 되는 음료수 중 한 가지를 골라야 한다고 생각해 보라. 이 모든
일이 아침 9시가 되기도 전에 일어난다.

이런 상황을 머릿속에 그려 보는 것만으로도 피곤이 몰려온다. 더욱 어려
운 점은, 인간의 뇌는 처리 능력이 제한적이며 쉽게 지친다는 사실이다. 그렇
다면 우리는 어떻게 하루하루 이런 결정을 제법 쉽게 내릴 수 있는 것일까? 스
타벅스에서 한 시간 동안 커피를 고르는 사람은 없지 않은가. 이 질문에 대한
답은 이미 알고 있을 것이다.

당신의 경우 메뉴판을 보고 어떤 음식을 주문할지 어떻게 결정하는가? 옷
장에서 어떤 원피스나 넥타이를 꺼내야 할지는 어떻게 결정하는가? 그렇다.

우리는 "오늘 어떤 음료수가 먹고 싶은가?" 또는 "오늘 어떤 옷을 입고 싶은가?"라는 간단한 질문에 대해 생각해 본다. 사람은 매일 느낌이나 기분을 바탕으로 온갖 종류의 결정을 내린다. 느낌은 실제로 의사결정 과정의 필수적인 부분이다. 영어에서는 'gut feeling(직감)'이라고 표현하지만, 이런 느낌은 '창자(gut)'가 아니라 감정을 불러일으키는 뇌의 일부분에서 비롯된다. 이 부분을 '감정적인 뇌'라고 부르기로 하자. 신경학 용어로는 변연계이지만 '감정적인 뇌'가 기억하기 더 쉬울 것이다.

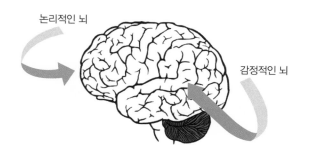

내 책꽂이에는 비판적인 사고에 관한 책이 여러 권 꽂혀 있다. 하나같이 전문적인 모델, 작용, 분석 가이드라인, 플로차트가 실려 있는데 나 역시 이런 도구를 많이 이용한다. 의사결정 모델은 감정이 의사결정에 미치는 영향을 없애려고 이용되는 경우가 많다. 하지만 의사결정학은 이제 모델에서 빠진

똑똑한 토막 정보

느낌이나 감정은 판단하는 속도를 높여 주는 정신적인 지름길이다. 감정은 의사결정 과정의 모든 단계에 관여한다. 인간의 정보 처리 능력은 제한적이기 때문에 감정은 가능한 한 최선의 결정을 내릴 수 있게 돕는 역할을 한다.

구성 요소가 감정을 고려하지 않는 것이라는 사실을 증명하고 있다.

감정은 이익이나 기쁨은 극대화하고, 손실이나 후회는 피하거나 최소화하도록 우리를 이끌어 준다. 감정은 우리가 과거에 내렸고 또 미래에 내릴 모든 결정의 출발점이다.

❓ 틀린 생각 바로잡기

중요하지 않은 결정을 내릴 때는 감정이 개입돼도 상관없지만 정말 중요한 결정을 내릴 때는 절대로 감정을 개입시켜서는 안 된다. 감정을 억누르는 방법을 배우기만 하면 훌륭한 결정을 내릴 수 있을 것이다.

➡ 감정을 억누르는 것이 가능하지도 않을뿐더러 인간은 감정 없이 그 어떤 결정도 내리지 못한다. 감정적인 뇌에 손상을 입으면 간단한 선택 사항을 두고도 결정하는 데 어려움이 따른다. 검은색 펜을 쓸지 파란색 펜을 쓸지 판단하기도 쉽지 않다. 결정을 내리더라도 그것이 옳은 결정인지 확신하지 못하고, 이런 악순환이 계속될 것이다.

직감이 어떻게 이상하리만치 정확할 수 있는지 궁금한 적이 없는가?

논리 대 직관

인간은 작업 기억에 한 번에 네 개에서 일곱 개의 생각을 저장할 수 있다. 이는 우리가 다양한 아이디어나 제품을 논리적으로 비교할 수 있도록 돕는다. 그러나 크기가 골무만 한 작업 기억이 너무 많은 양의 선택에 직면하면 어떤 일이 벌어질까? 스타벅스에서 87,000가지나 되는 메뉴를 들여다볼 때 논리적인 뇌는 압도당한 나머지 감정적인 뇌의 도움이나 의견을 청할 수밖에 없다.

"감정은 지저분하고 모순되며… 진실하다."

–니겔라 로슨(Nigella Lawson,

영국 요리사 – 역자 주)

아하, 그렇구나!

감정적인 뇌는 논리적인 뇌에 비해 훨씬 많은 양의 정보를 훨씬 빠른 속도로 이해할 수 있다. 정보의 양이 너무 많아 질리게 되면 정보가 직관이나 직감의 형태로 압축되는 경우가 많다. 말로 설명할 수 없는 감정이나 예감은 매우 중요한 메시지를 전달하는 메신저다. 따라서 직감을 믿는 것이 항상 최악의 선택은 아니다.

의사결정 과정에 감정이 어떻게 개입되는가?

자신의 의사결정 과정에 감정이 얼마나 영향을 미치는지 알고 있는가? 아래의 질문을 읽고 머릿속에 맨 처음 떠오르는 대답을 적어라. 처음에 적은 대답을 바꾸고 싶은 유혹이 들지도 모른다. 그럴 때는 처음에 떠오른 생각과 나중에 떠오른 생각을 둘 다 적어라. 맨 처음 적은 대답 밑에 당시에 어떤 감정이 들었는지도 적어 보라.

1. 누군가를 처음 만났을 때 그 사람에 대한 의견을 형성하기까지 시간이 얼마나 걸리는가? 만일 처음에 들었던 생각이 틀렸다는 사실을 알게 되면 그 의견을 바꾸기까지 시간이 얼마나 걸릴 것 같은가?

대답 : _____

감정 : _____

똑똑한 토막 정보

직감은 생명이 위험한 상황에만 유용한 것이 아니다. 이런 느낌을 불러일으키는 뇌의 부위는 논리적인 뇌에 비해 속도가 훨씬 빠르다. 우리가 새로운 정보를 경험할 때마다 감정적인 반응이나 직감이 항상 뒤따른다.

2. 매장 직원이 사은품이 딸린 제품을 권했다. 그런데 그 제품이 집에 여러 개 있고 딱히 하나가 더 필요하지도 않다. 그럴 때 당신은 그 제품을 그냥 구입 하는가, 아니면 "아니요, 괜찮습니다." 라고 말해 직원을 놀라게 하는가?

대답 : _____

감정 : _____

3. 피곤하거나 특별히 스트레스를 많이 받을 때 일주일에도 몇 번씩 점심 식 사로 똑같은 음식을 주문하는가?

대답 : _____

감정 : _____

4. 직장에서 업무 성과가 그다지 좋지 않은 직원을 해고해야 한다. 이 사람은 이곳에서 오래 일하지 않았고, 당신이 특별히 좋아하는 사람도 아니다. 이 직원을 어떻게 해고할 것이며 시간이 얼마나 걸릴 것 같은가? 이와 반대로 직접 채용하고 멘토 역할까지 한 직원을 해고해야 한다면 대답이 바뀔 것 같은가?

대답 : _____

감정 : _____

5. 당신은 다른 디자이너, 엔지니어들과 함께 큰 자동차 제조업체를 위한 신차 디자인을 맡은 팀의 말단 직원이다. 이 프로젝트는 수백만 달러가 투입된 대규모 프로젝트다. 그런데 판매를 개시하기 불과 며칠을 앞두고 브레이크 장치에 큰 문제가 있는 것을 발견했다. 그럴 때 당신은 어떻게 할 것인가?

대답 : _____

감정 : _____

위 질문에 어떻게 대답했으며 어떤 감정이 개입되었는가? 처음에 적은 답의 경우 손실이나 후회를 최소화하거나 개인적인 만족 혹은 이익을 극대화하는 상황이 자주 등장했을 것이다. 이상한 일이지 않은가? 좀 더 자세히 살펴보면 다음과 같은 사실을 알아낼 수 있을 것이다.

1. 우리는 새로 만난 사람에 대한 의견을 아주 빨리 형성한다. 이것은 하나의 정신적인 지름길이다. 감정적인 뇌는 우리가 보고 듣는 것, 그리고 고정관념이나 처음 만나는 사람에 대해 이미 알고 있는 것에만 기반을 두고 결정을 내린다. 어떤 사람을 만나기도 전에 판단해 버리는 경우도 있는 것이다. 한 번 형성된 의견은 바꾸기까지 시간이 훨씬 오래 걸린다. 의견이 틀렸다는 사실을 받아들이는 것이 후회로 이어지기 때문이다.
2. 나중에 후회할지도 모르기 때문에 사은품을 거절하는 경우는 드물다.
3. 인간의 뇌(논리적인 뇌든 감정적인 뇌든)는 지치게 마련이다. 그럴 때는 뇌가 마지막으로 우리의 기분을 좋게 하거나 만족을 극대화했던 것을 향해 우리를 안내하게 된다.
4. 맞게 추측했다! 시간과 노력을 투자하지 않은 사람이나 직접 채용하지 않은 사람을 해고하기가 훨씬 쉽다. 이와 반대로 자기 손으로 채용해서 멘토링한 직원을 해고하는 것은 실수를 인정하는 것이나 마찬가지라 쉽지 않다. 자존심에 타격을 입는 상황을 받아들이고 후회를 경험하는 일이라 더욱 어렵다.

5. 이 마지막 결정에 관여한 감정을 스스로 찾아낼 수 있는지 알아보라.

감정은 만족시키는 것이 목적이다

이 글을 쓰는 지금 가사 도우미가 아래층에 있는 부엌에서 견과를 볶고 있다. 배가 딱히 고프지는 않지만 아들이 몇 시간 후에 집에 돌아오기 전에 이 장을 끝마치고 싶은 마음이 간절하다. 펜을 내려놓고 아래층에 내려가 갓 볶은 캐슈넛을 집어 먹고 싶은 생각이 너무 강한 나머지 나 자신에게 한 맹세를 깨려고 한다. 책을 쓰는 동안 절대로 다른 데 정신을 팔지 않겠노라고 다짐했지만, 나의 모국어인 아프리칸스어로 하는 말처럼 'proeseltjie(약간 맛본다는 뜻)'를 조금 해 볼 작정이다.

이 상황은 의사결정에서 감정이 맡은 기이하면서도 강력한 역할을 잘 드러내 주는 예다. 감정은 우리의 기쁨을 극대화하고 아픔이나 후회를 최소화하려고 할 뿐 아니라 그 일을 최대한 빨리 이루려고 애쓰기도 한다.

감정이 논리를 필요 이상으로 자주 능가하는 예를 살펴보자. 체중을 줄이려고 하는 다이어트가 그런 예에 해당한다. 다이어트를 하거나 체력 단련 프로그램에 등록했다가 실패한 적이 있는가? 그런 경험이 있다면 몇 번이나 실패했는가? 솔직하게 털어놔도 좋다. 우리는 대부분 평생 한 번 이상 다이어트나 체력 단련 프로그램이 실패로 돌아가는 경험을 한다. 사회적 통념에 의하면 이런 현상은 의지나 의욕이 부족해서 일어난다. 하지만 알고 보면 문제의 핵심은 의지나 의욕보다 훨씬 강한 요소, 즉 타고난 행동 방식에 있다.

사람은 다른 여러 가지 도전에 직면하지 않았을 때 다이어트를 하기가 훨씬 수월하다. 속상하거나 화가 나거나 스트레스를 받으면 어떤 일이 벌어지는가? 피곤하거나 기분이 울적할 때는 또 어떤가? 감정적인 뇌는 기억 장치를 뒤져서 우리에게 활력을 불어넣어 준 적이 있거나 예전에 기분을 금방 나아지게 해 준 무엇인가를 찾을 것이다. 감정은 우리에게 힘을 북돋아 주기를 좋아한다. 그렇다면 다이어트를 하는 사람의 기분을 잠깐이나마 좋게 해 줄 만한 것은 무엇일까? 그렇다. 초콜릿 케이크나 피자, 술 한잔 같은 것이다. 이런 것은 우리의 행복을 잠깐 동안 극대화하는 즉각적인 보상을 제공한다. 이것이 바로 '쿠키 딱 한 개만 먹어야지.'라고 생각하는 충동이 그토록 강한 이유다. 뇌가 신체에게 인간이 동굴에서 살던 시절부터 해 오도록 프로그래밍된 것을 하라고 지시하는 것이다.

이는 우리가 가격을 흥정하고 '50퍼센트 세일'이라고 쓰여 있는 문구를 그냥 지나치지 못하는 이유이기도 하다. 우리는 즉각적인 보상과 물건을 조금 싸게 샀을 때 느끼는 약간의 희열을 갈망한다. 그러나 집에 돌아오면 얘기가 달라진다. 충격적인 색상의 분홍 클러치백이나 월드컵 기념 넥타이가 옷장에 있는 다른 옷과 전혀 어울리지 않는다는 것을 깨닫게 된다. 대체 무슨 생각을 했던 것일까?

나쁜 감정 때문에 의사결정이 궤도에서 벗어난다

지금까지 우리가 내리는 모든 결정에서 감정이 수행하는 긍정적이고 중요한 역할에 대해 살펴보았다. 하지만 얘기가 여기서 끝나는 것이 아니다. 결정을 내릴 때 감정이 미묘한 메시지를 전달하는 데에서 그치지 않고 뇌를 적극적으로 도와준 경험을 다들 한 번쯤 해 봤으리라.

📌 **필자의 추천 방법** 감정이 중요한 결정에 엄청난 피해를 입히거나 어떤 상황에 대한 당신의 반응을 장악한 적이 있는가?

감정은 대단히 빠르다. 눈을 한 번 깜빡여 보면 4분의 1초라는 시간이 얼마나 빠른지 알 수 있다. 감정적인 뇌가 정보를 수용하고 감정이라는 반응을 이끌어 내기까지 딱 그만큼의 시간이 걸린다. 그러나 생각하는 뇌는 좀 더 많은 시간을 필요로 한다. 이런 차이는 감각을 통해 수용한 정보가 뇌의 감정적인 부분을 거친 후에야 논리 프로세서가 위치한 뇌의 앞부분으로 옮겨 가기 때문일 수도 있다.

마지막으로 극장에서 소음을 내거나 다른 운전자가 새치기를 해서 소리를 지른 경험을 떠올려 보라. 이런 행동이 논리적이라고 볼 수 있을까? 아니다. 그런데도 이런 행동을 저질렀는가? 그렇다. 행동을 취하기 전에 생각할 시간이 더 있었다면 다른 반응을 보였을 것 같은가?

> "나는 감정에 휘둘리고 싶지 않다. 나는 감정을 이용하고, 즐기고, 지배하고
> 싶다."
> —오스카 와일드(Oscar Wilde)

최근에 싱가포르에서 실시한 연구에 따르면, 차에 어린아이를 태운 운전자가 과속을 하고 깜빡이를 켜지 않고 차선을 변경하는 경우가 더 잦은 것으로 나타났다.* 왜 그런지 짐작되는가? 감정이 미묘한 신호를 보내는 것을 넘어서서 이성과 논리를 눌러 버린 것이다. 이런 감정 역시 아픔을 최소화하거나 만족을 극대화하려는 노력의 일환일까? 나는 어린아이들과 차 안에서 시간을 많이 보냈기 때문에 이 문제에 대해서 자신 있게 말할 수 있다. 이런 감정

---

* 네오 차이 친(Neo Chai Chin), '위험하게 운전하기', 〈투데이(Today)〉(2009년 6월)

은 뒷좌석에 앉아 있는 배고프고 피곤한 아이들을 상대해야 하는 괴로움을 최소화하려는 의도에서 비롯된다. 아이들은 얼마나 쉽게 지루해하며 화장실에는 또 얼마나 자주 가고 싶어 하는가? 이것이 바로 의사결정 시 감정이 지니는 힘이다.

이 연구가 실린 신문에는 인도네시아의 어느 조선소 담당자가 항만 근로자 한 명에게 화를 냈다는 보도가 게재되기도 했다. 홧김에 못된 말을 하게 되었는데, 그 일이 수천 명의 근로자가 폭동을 일으키는 사태로 번지고 말았다. 그 중 몇 명은 병원에 실려 갔으며 담당자 또한 중상을 입었다.* 이 사태는 사전에 충분히 막을 수 있었다고 생각한다.

이런 감정은 황야를 배회하던 우리 조상에게서 물려받은 도피 또는 투쟁 반응이다. 생명이 위태로워서 몇 초 만에 결정을 내려야 할 때는 이런 감정이 유용하게 쓰인다. 하지만 어떤 상황이 생명을 위협하는 상황인지 몰라서 감정적인 뇌에 혼란이 올 때도 있다.

종이를 한 장 꺼내 생명이 위태로울 수 있는 상황을 몇 가지 적어 보라. 나라나 지역에 따라 목록이 제법 길어질 수도 있다. 나는 싱가포르에 살아서 목록이 짧은 편이다. (위험하게 운전하는 것이 위험도가 가장 높은 항목이다!)

혹시 '보고서를 아직도 끝내지 못했다고 상사에게 열 번이나 지적받는 것'이 목록에 있는가? 아마 없을 것이다.

위험!
우리가 논리를 이용하여 결정을 내리는 능력을 무력하게 할 만한 감정은 나쁜 감정이다. 넘지 말아야 할 선을 넘은 감정이며, 고장 난 감정이다.

---

*줄 오탐(Zul Otham), '바탐의 항만 근로자들이 조선소를 방화하다', 〈투데이〉(2010년 4월)

우리는 조상에 비해 생명을 위협당하는 상황에 놓이는 경우가 훨씬 적은데도 이런 본능만큼은 강하게 남아 있다. 하지만 괜찮다. 생존 여부가 이런 본능에 달려 있는 경우가 아직도 가끔 발생하기 때문이다.

틀린 생각 바로잡기

감정을 폭발시키면 내가 화가 단단히 났거나 아주 속상하다는 것이 드러나므로 다른 사람들이 나를 진지하게 받아들일 것이다.

▪▷ 이런 경우를 한번 상상해 보라. 누가 당신에게 화를 심하게 내고 소리를 지른다면 당신은 그 사람이 하는 말을 열심히 들을 것 같은가?
감정의 폭발은 청자로부터 투쟁 또는 도피 반응을 이끌어 낸다. 화를 내면 상대방은 당신의 주장이나 메시지를 제대로 들을 겨를이 없다. 당신의 반응에 대응하여 어떻게 방어할지 생각하기에 바쁘기 때문이다. 당신이 감정을 통제하지 못했기 때문에 당신을 존중하는 마음도 줄어들 것이다.

목록에 오르지 않은 다른 여러 가지 상황에서는 감정을 폭발시키거나 감정이 행동을 지배하게 놔둘 필요가 전혀 없다.

이런 나쁜 감정은 다스려야 한다. 하지만 나쁜 결정을 야기하는 감정을 다스리기 전에 무엇이 감정적인 반응을 촉발하고 어떤 환경에서 감정이 이성을 압도하는지 정확히 알 필요가 있다.

> **똑똑한 토막 정보**
>
> 의사결정에 은근슬쩍 관여하는 모든 감정을 통제할 필요는 없다. 말을 하거나 판단하기 전에 생각하는 능력을 무력화하는 나쁜 감정만 통제하면 된다.

나쁜 감정 찾아내기

나쁜 감정은 마치 한 마리의 황소와 같다. 초원에 홀로 있을 때 황소는 풀이나 뜯어 먹으면서 다른 일에는 신경 쓰지 않는다. 하지만 약이 오르면 고약해지고 한 가지만 생각하게 되며 매우 파괴적으로 돌변한다. '올레'라고 말하는 것보다 황소를 더 빨리 짜증나게 할 수 있는 것은 무엇일까? 당연히 붉은 깃발을 흔드는 것이다.

붉은 깃발에 해당하는 우리의 감정이 무엇인지 알지 못하는 한 결정이 언제 감정에 의해 압도될 위험이 있는지 알아내기는 어려울 것이다. 자기 자신을 짜증나게 하는 것이 무엇인지 정확히 알고 있는가? 지금부터 소개할 훈련을 해 보면 어떤 상황이 어떤 감정을 촉발하는지 이해할 수 있을 것이다. 아주 강한 감정이 나타날 것을 예상할 수 있으면, 정말 중요할 때 대화를 훨씬 수월하게 하며 감정을 폭발시키지 않고 냉철함을 유지할 수 있다.

다음의 반응 일기를 써 보라. 자신이 다양한 상황에서 어떻게 대처하는지 지속적으로 파악할 수 있을 것이다.

적어 둔 반응을 일주일 뒤 '유용한 반응'과 '파괴적인 반응'으로 분류하라. 어떤 상황이 어떤 반응을 촉발하는지 보여 주는 패턴이 나타나 당신의 감정적인 붉은 깃발이 확연히 드러날 것이다.

〈나의 반응 일기〉

요일	월요일 / 화요일 / 수요일 / 목요일 / 금요일
상대방이 나에게 어떤 말이나 행동을 했는가?	
기분이 어땠는가?	
어떻게 반응했는가?	
내 반응이 유용했는가, 파괴적이었는가?	
일주일간 관찰한 결과 나의 위험 신호는?	

무엇이 나를 화나게 하는지 지속적으로 관찰한 결과 몇 가지 흥미로운 사실을 알아낼 수 있었다. 나를 자극하는 위험 신호가 반복적으로 나타났는데도 항상 똑같은 방법으로 대처한 것이다. 나의 가장 큰 위험 신호 두 가지는

'다른 사람들이 관심을 보이지 않을 때'와 '사람들이 성급하게 결론을 내릴 때'다. 누군가가 어떤 아이디어나 요청에 대해 깊이 생각하지 않거나 (추가적인 노력이 좀 더 필요할 수도 있다는 이유로) 시도해 보지도 않고 거절하면 몹시 화가 난다. 분노가 야기하는 신체적인 증상을 경험하게 되는 것이다. 아드레날린 수치가 증가하고, 심장박동이 빨라지며, 체온이 올라간다. 목소리 톤이나 보디랭귀지도 매우 적대적으로 변한다. 사람들이 성급하게 결론을 내릴 때도 똑같은 현상이 일어난다. 방어적으로 변하고 대화에 흥미를 잃어버린다. 반응 일기에 명백하게 드러났듯이 위험 신호는 두 가지 모두 나의 문제 해결 능력에 부정적인 영향을 미친다.

 똑똑한 토막 정보

자신의 감정적인 위험 신호를 알면 자기 자신보다 한발 앞설 수 있으며, 감정적인 폭발이나 파괴적인 반응을 미리 예상할 수 있다.

황소가 언제 달려들지 아는 것도 유용하지만, 질주하는 대신 걷게 하거나 초원에서 풀을 뜯게 할 수 있다면 더 낫지 않을까? '성난 황소를 다루는 법'을 익히지 않는 한 감정적인 위험 신호가 무엇인지 알아차리는 것만으로는 별 소용이 없다!

감정을 다스리는 비법
어려운 대화를 급하게 나누거나 서둘러 결정하지 말라
서둘러 결정을 내리거나 어려운 대화를 급하게 나눠야 하는 상황에서는 논리적인 뇌가 압도당해 감정이 사고를 지배할 가능성이 크다.

어려운 대화나 결정을 서두르지 말라

결정 하나하나를 두고 고민할 필요는 없지만, 어떤 결정은 직관이나 직감에 의지해도 되고 어떤 결정은 충분히 시간을 두고 생각해야 하는지 알아야 한다.

감정적으로 대응하기 전에 심호흡을 하고 다섯을 세어라

이 말은 많이 들어 봤겠지만 이제는 왜 사람들이 이런 말을 하는지 알 것이다. 이런 방법을 이용하면 논리적인 뇌가 감정을 따라잡을 시간을 벌 수 있다.

중요한 결정을 내릴 때 어떤 감정이 개입되는지 항상 자문하라

당신의 선택에 영향을 미칠 수 있는 감정은 무엇인가? 어떤 방식으로 자신의 손실을 최소화하고 이익을 극대화하겠는가? 결정에 관계된 다른 사람들은 이런 일을 어떻게 할 것 같은가?

매일 자신과 대화를 나누고 그날의 행동을 돌이켜 보라

프로 운동선수들은 자신의 경기 내용을 매우 꼼꼼하게 체크한다. 자신의 경기뿐 아니라 상대 선수의 경기 영상을 돌려 보고 어떻게 해야 실력을 향상시킬 수 있을지 항상 연구한다. 이는 소득이나 협찬과 밀접한 연관이 있다. 우리는 운동선수들처럼 자신을 돌아보는 경우가 극히 드물다. 자신의 반응이나 결정, 그리고 다른 사람들이 나에게 어떻게 반응했는지 검토하면 실적을 향상시킬 수 있을 것이다.

수면을 충분히 취하라

공부나 일 때문에 밤늦게까지 깨어 있어야 할 때가 있는데 가끔 그러는 것은 문제가 되지 않는다. 하지만 숙면을 충분히 취하지 않으면 뇌와 신체의 회복력이나 정보를 보유할 수 있는 능력이 급속도로 떨어진다. 신생아를 둔 부모들은 수면 부족이 기억력 감퇴로 이어지고, 비판적으로 사고하거나 예상치 못했던 상황에 대처하는 능력이 떨어진다는 사실을 잘 알고 있다. 이제 막 부모가 된 게 아니라면 생산성을 향상시킬 목적으로 잠을 희생할 수도 있을 것이다. 하지만 수면은 생산성을 결정짓는 데 필수적인 요소다.

감정을 다스리는 데 필요한 도구

뒤로 물러나기 – 농구장에서 회의실까지

나는 농구를 즐겨 보진 않지만 농구 동작 중에서 기가 막히게 훌륭한 동작이 하나 있다고 생각한다. 선수들이 이 동작을 하는 것을 여러 번 봤는데, 이 동작 덕택에 슛을 할 기회가 항상 생긴다는 것을 알아챘다. 감성 지능 프로그램 참가자들에게 이 농구 동작에 대해 알려 줬더니 이제는 여러 간부가 결정을 내릴 때 감정의 영향력을 줄이는 데 도움을 받고 있다.

나는 이 동작을 '뒤로 물러나는 기술'이라고 부른다. 농구 선수가 우선 상대 팀을 향해 곧장 달려간다. 가장 가까이 있는 상대 팀 선수와 어깨가 닿을 만큼 다가가 전방을 주시하며 골대를 향해 한발을 내민다. 상대 팀 선수들은 그 선수가 계속 전진할 것으로 예상하고 뒤로 조금 물러선다. 이때 생긴 빈 공간을 이용해 크게 점프해서 골대를 향해 슛을 하면 된다.

이와 마찬가지로 중요한 결정을 내릴 때 우리는 감정에 가까이 다가가 그 감정을 한껏 경험해야 한다. 어차피 우리가 원하든 말든 감정은 나타날 것이다. 그러나 감정과 어깨를 부딪히고 나면 뒤로 크게 한발 물러나 우리가 정확히 어떤 감정을 왜 경험하고 있는지 자문해야 한다. 골대를 향해 슛을 할 때가 되면, 감정을 배제할 경우 우리가 내린 결정이 어떻게 바뀔 것인지 생각해 볼 필요가 있다.

틈을 활용하라

정보를 수용하는 것과 반응하는 것 사이에 아무것도 없는 것은 아니다. 중간에 빈틈이 존재한다. 이 틈은 최소 4분의 1초 동안 지속된다. 감정적인 위험 신호를 미리 알고 있으면 감정을 드러내기 전에 이 틈을 이용하여 감정을 붙잡을 수 있다. 시간이 지남에 따라 이 틈을 의식적으로 자각하고 있으면, 대답하기 전에 대답을 평가하고 거를 수 있을 만큼 틈이 커질 것이다. 시간이 오래 걸리지는 않는다. 4분의 1초만 더 있으면 된다.

쉽게 화를 내는 사람은 틈이 작고 환경의 산물이 되는 경향이 있다. 자신의 감정과 운명을 책임지지 못하는 것이다.

만일 당신도 틈이 작다면 이런 방법을 시도해 보라. 말하기 전에 생각할 필요가 없는 '빈틈 채우기' 문장을 찾아라. 대답하기 전에 귀중한 몇 초가 생길 것이다. 다음은 몇 가지 예다.

틈을 활용하라

▶ 당신이 왜 그렇게 생각하는지 알 것 같군요.

▶ 흠, 제 생각은 이렇습니다.

▶ 흥미로운(타당한) 의견이네요.

▶ 그렇게 볼 수도 있겠군요.

▶ 한발 물러나서 생각해 봐도 될까요?

당신에게 알맞은 '빈틈 채우기' 문장을 만들라. 그리고 그 문장이 감정을 어떻게 다스리고, 사람들 간의 상호 작용을 어떻게 바꾸며, 틈을 어떻게 넓히는지 살펴보라!

감정에서 비롯된 결정을 피하는 특별 비법

1. 의사결정 과정에서 감정을 제거하려고 노력하지 말라. 불가능한 일이다.

2. 직감을 신뢰하라. 직감은 우리가 정보를 처리하는 과정에서 중요한 역할을 차지하며, 논리적인 뇌의 제한적인 정보 처리 능력을 보충해 준다.

3. 감정적인 뇌가 언제나 당신의 기분을 낫게 해 주려고 노력하고 즉각적인 보상을 노린다는 것을 유념하라. 이런 면은 장기적으로 우리에게 항상 최선이 아닐지도 모른다.

4. 자신의 감정적인 위험 신호를 알아낼 수 있도록 반응 일기를 써라.

5. 무엇이 나쁜 감정을 촉발시키는지 알아내라. 그러면 곤란에 빠지기 전에 나쁜 감정을 예측하고 다스릴 수 있을 것이다.

6. 대화를 급하게 나누거나 결정을 성급하게 내리지 말라.

7. 수면을 충분히 취하라. 그렇지 못하면 장기적으로 생산적일 수 없다.

8. 감정적으로 대응하기 전에 속으로 다섯까지 세어라. 그러면 논리적인 뇌가 감정적인 뇌를 따라잡을 수 있을 것이다.

9. 의사결정 시 감정이 하는 역할을 경험하고, 이해하고, 다스릴 수 있도록 '뒤로 물러나는 기술'을 익혀라.

10. 감정적인 반응을 보이지 않고 정보를 수용하는 시점과 정보에 반응하는 시점 사이의 틈을 넓힐 수 있게 '빈틈 채우기' 문장을 만들라.

누구나 저지르는
정신적인 실수

"성공만큼 실패하는 것도 없다."
-아놀드 토인비(역사학자)

CHAPTER 5

THINK SMART WORK SMART

나는 멋진 차를 좋아한다. 어떻게 작동하는지도 모르고 알고 싶은 생각도 없지만, 비싼 차가 눈부시게 멋지고 속도도 빠르며 감당할 수 없는 가격이라는 것은 알고 있다. 자동차가 어떤 원리로 작동하는지 전혀 모르는 것은 문제가 될 수 있다. 내가 맨 처음으로 구입한 차는 나에게 그다지 호의적이지 않았다. 비가 퍼붓는 날이면 어김없이 고장이 났다. 아침 7시에 비가 쏟아지는 아프리카의 고속도로에서 고장 난 차를 어떻게 고칠지 전혀 감이 잡히지 않으면 그것은 분명히 문제다. 차를 산 지 2년째 되던 해에는 도로에서 무려 일곱 번이나 발이 묶였다. 아주 돈이 많이 나간 해였다. 내가 보닛을 열어 문제를 찾아내려고 엔진을 살펴봤더라면 상사가 나에게 첫 월급 인상분을 새 차를 사는 데 쓰라고 제안하지 않았을지도 모른다. 보닛을 여는 방법은 그 이후로도 배우지 않았지만 결국 새 차를 사기는 했다.

차가 있는 사람들은 대부분 차가 어떻게 작동하는지에 대해 한두 가지 정도는 알고 있다. 차가 고장 나면 무엇이 문제일지 예상할 수 있는 것이 좋다. 그래야 정비공이 고치기만 하면 되는 부품을 당신의 무지함을 악용하여 새로 갈아야 한다고 말하지 못할 것이다.

혹시 문제를 해결하려고 나섰다가 상황만 악화시킨 적이 있는가? 결정은 또 어떤가? 결정의 결과가 예상과 다르게 나타났는데 그런 일이 왜 일어났는지 감도 안 잡힌 적은 없는가? 우리는 누구나 독자적인 의사결정 과정을 주도하며, 정신적인 엔진을 이용하여 매일 여러 가지 문제를 해결한다. 하지만 뇌 안에서 어떤 일이 벌어지는지 이해하는 사람은 극히 드물다. 따라서 그것이 고장 나서 예상치 못했던 결과를 낳으면 문제를 어떻게 고쳐야 하는지 정확히 알기 어렵다.

우리가 모두 뇌 정비공이 되어 의사결정 과정에서 문제가 되는 부분의 소리를 통해 증상을 알아내는 방법을 배울 수 있다면 정신적인 엔진의 문제를 밝혀내고 고치는 방법도 알 수 있을 것이다. 그러면 엔진이 계속 효율

적으로 부드럽고 빠르게 돌아갈 수 있을 것이고, 그 누구보다 빠르고 똑똑하게 A 지점에서 B 지점까지 이동할 수 있을 것이다. 똑똑하고 빨리 돌아가는 뇌보다 더 좋은 게 뭐가 있겠는가? 이는 누구나 소유할 만한 가치가 있는 것이다.

지난 20년 동안 과학자들은 인간의 정신적 엔진을 수수께끼처럼 감추고 있던 보닛을 서서히 열었다. 그 덕택에 우리는 뇌가 어떻게 작동하는지 조금씩 배워 나가고 있다. 포괄적인 사용자 설명서를 만들기까지는 갈 길이 멀지만 문제 해결 안내서 같은 것은 만들 수 있다.

뇌를 위한 문제 해결 지침서

문제를 해결하려면 먼저 문제를 살펴봐야 한다. 주로 어떤 의사결정 문제에 직면하는지 알아보는 의미에서 간단한 퀴즈로 시작해 보자.

혹시 아래에 열거한 문장처럼 말하거나 생각한 적이 있는가? 그런 일이 있으면 문장 옆에 ✓ 표시를 하고, 없으면 × 표시를 하라.

☐ 이전에 이런 경우를 본 적이 있으므로 어떤 일이 일어날지 정확히 알고 있다.

☐ 모두가 그렇게 말하는 걸 보니 그것이 사실인가 보다.

☐ 이것이 내가 이용하는 방식이고, 항상 효과가 있었으니까 당신도 이용해야 한다.

☐ 이 제품은 20퍼센트 할인 중이므로 싸게 사는 것이다.

☐ 그 사람은 전문가니까 믿을 수 있다.

☐ 이 프로젝트에 너무 많은 공을 들였기 때문에 이제 와서 그만둘 수는

없다. 손실을 확실하게 만회할 수 있으니 시간만 좀 있으면 된다.

☐ 항상 이런 방식으로 일이 진행되었으니 우리도 이렇게 해야 한다.

☐ 나는 일이 그렇게 전개될 줄 알고 있었다. 그런 일이 일어나리라고 당
신에게 알려 줄 수도 있었다.

☐ 글쎄요, 그 사람들이 뭐라고 하는지 아시잖아요.

물론 누구나 이런 말이나 생각을 하지만 세부 사항을 기억하기 어려울 때
도 있다. 그래서 오늘이나 내일 이런 말을 하거나 듣거나 생각할 때마다 표시
해 두면 편리하다. 위의 문장 옆에 ✓ 표시를 한 군데라도 했다면 세부 사항
을 기억해 뒀다가 이 장에서 언급하는 정신적인 실수와 어떻게 맞아떨어지는
지 살펴보라.

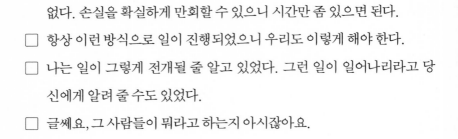

똑똑한 토막 정보

인간이라면 누구나 정신적인 실수에 시달리지만, 대부분 너무 늦게 그것을 알아
차린다.

인간의 정신이 생각을 하루에 몇 가지나 생산해 내는지에 대해 과학자들
간에 의견이 일치하지 않는 것 같다. 학계에 보고되는 수치를 보면 12,000개
에서 60,000개에 이르기까지 실로 범위가 넓다. 이 정도의 차이는 엔진 마력
12와 60의 차이만큼이나 크다.

우리의 생각은 대체로 무의식에서 비롯된다. 덥거나 춥다고 느끼는 것, 근
육에게 어떻게 움직이라고 명령하는 것 등등 의식할 필요가 없는 생각이 많
다. 물론 대단히 중요하고 인생에서 중대한 결정을 불러일으키는 생각도 있

다. 누구와 결혼할 것인지, 어떤 직업을 선택할 것인지, 어떤 사람을 믿을 것인지 말 것인지, 진실을 말할 것인지 말 것인지를 비롯하여 셀 수 없을 만큼 많은 생각이 이에 해당된다.

그렇다면 우리의 엔진이 생각을 훌륭한 결정으로 바꾸는 데 무엇이 필요할까? 여느 고성능 엔진과 마찬가지로 최고 품질의 연료가 필요하다. 감각 기관을 통해 양질의 정보를 입수하고, 포도당과 영양소(뇌는 신체에 필요한 포도당의 20퍼센트를 소비한다)를 충분히 섭취해야 하며, 산소(뇌는 사람이 들이마시는 산소의 20퍼센트를 소비한다)가 많이 있어야 한다. 휴식을 자주 취하고 면역 체계가 건강할 경우 뇌가 최상의 컨디션을 유지하는 데 도움이 될 것이다. 하지만 불행하게도 달갑지 않은 정보도 있는데, 비교적 최근까지 이런 정보를 피할 길이 없을 것만 같았다. 이런 정보는 우리의 생각에 놀랄 만큼 자주 침투하는 정신적인 실수나 실책이다.

똑똑한 토막 정보

정신적인 실수는 150가지도 넘게 연구되고 그 존재가 입증되었다. 이 책에서 모두 다루기에는 너무 많을 정도다.

뇌가 저지르는 실수는 흔한 실수나 판단 착오를 의미한다. 정보를 처리하는 과정에서 우리는 누구나 실수를 범한다. 이런 실수를 방지하고 그로 인한 결과를 피하고 싶다면 정신적인 실수가 우리의 사고에 어떻게 영향을 끼치는지 알아야 한다. 정신적인 실수는 투자자, 카지노 매니저, 마케팅 담당자, 영업사원, 동네 마트의 관리 팀이나 다른 사람들의 생각, 즉 타인의 결정에 영향을 끼침으로써 돈을 버는 모든 직업인의 특별 관심사다.

뇌가 저지르는 실수에 왜 관심을 기울여야 하는가?

▶ 우리가 모르는 사이에 실수를 범하기도 한다는 사실을 이해하기 위해서

▶ 우리에게 영향을 미칠 가능성이 있는 다른 사람들의 의사결정 과정의 실수를 알아내기 위해서

▶ 다른 사람들이 우리가 내린 결정에 어떻게 반응할지 보다 정확하게 예측하기 위해서

문제 해결 비법 1 – 정신적인 지름길을 택하지 말라

지름길은 우리가 목표 지점에 더 빨리 도달할 수 있게 도와준다. 시간과 노력을 아낄 수 있어 좋고 가끔 돈도 절약할 수 있다. 특별히 해가 될 만한 요인은 없다. 정신적인 지름길 역시 이와 정확히 똑같은 방식으로 작용한다. 인간의 뇌는 대부분의 다른 장기보다 산소와 에너지(20와트짜리 전구를 켤 수 있을 만큼의 에너지)를 많이 소비한다. 그러나 뇌는 아주 게을러서 에너지를 닥치는 대로 사용하는 것을 좋아하지 않는다. 차라리 나중을 위해 저장해 두는 편을 선호한다. 따라서 뇌는 우리가 친숙하지 않은 상황에 대처하도록 도울 뿐 아니라 에너지도 아낄 수 있게 지름길을 개발한다. 이런 지름길은 사고가 자동화된 방식이다. 자동화를 통해 우리는 일을 더 빨리 처리할 수 있다.

피클 통을 여는 방법을 완전히 익혔는데 케첩 통을 여는 것부터 다시 배워야 한다고 상상해 보라. 한 가지 종류의 통을 열 줄 알면 그다음에는 거의 모

 똑똑한 토막 정보

정신적인 지름길은 친숙한 패턴을 찾아 우리가 새로운 상황에 적응하게 도와준다.

든 통에 이 지식을 적용할 수 있다. 이와 마찬가지로 기어가 수동인 차를 운전할 수 있으면 자동인 차도 큰 불편함 없이 운전할 수 있다. 이런 사례가 바로 정신적인 지름길에 해당한다.

뇌는 패턴을 찾으려고 노력하며, 통을 열고 차를 운전하는 것에 관해 알고 있는 사항을 보편적인 범주로 분류한다. 이를테면 '통을 여는 여러 가지 방법'이나 '차를 운전하는 방법'과 같이 나누는 것이다. 이런 범주는 일반적인 경험에 근거한 규칙이 된다. 규칙이 하도 잘 통한 나머지 뇌는 이것을 가능한 한 자주 이용하려고 한다. 하지만 지름길을 택하는 것이 좋은 생각이 아닐 때도 있는데, 여기서 다루는 다른 문제 해결 비법에 관한 내용을 살펴보면 그 이유를 알 수 있을 것이다.

문제 해결 비법 2 – 쉽게 구할 수 있는 정보가 우리의 의견과 결정을 어떻게 형성하는지 이해하라
다음 질문에 대한 당신의 대답은 무엇인가?

1. 미국인은 어떤가?

2. 이탈리아 인이 가장 잘 만드는 것은?

3. 무력 충돌, 자살, 교통사고 중 전 세계적으로 사망 원인 1위는 무엇인가?

이제 당신의 대답이 옳다고 얼마나 자신 있게 말할 수 있는지 적어 보라.

1.

2.

3.

이제 대답의 출처를 적어 보라.

1.

2.

3.

미국인이라고 모두 자신감이 넘치고 말을 잘할까? 이런 일은 가능하지도
않을뿐더러 사실도 아니다. 정말로 이탈리아 인이 피자를 가장 잘 만들까? 나
는 토스카나를 두 번째로 갔다가 이제 막 돌아왔는데 이 소문은 정말로 잠잠
해질 필요가 있다고 생각한다. 이탈리아의 젤라토를 좋아하고 그 나라 커피
맛도 참 좋다고 생각하지만, 이탈리아에 갔다고 해서 맛있는 피자를 먹게 되
리라는 보장은 없다.

혹시 최신 뉴스를 보고 마지막 질문에 답했는가? 세계보건기구(WHO)의
발표에 따르면 연간 전 세계적으로 무력 충돌보다 자살로 인한 사망자가 더
많으며, 지역에 관계없이 교통사고와 비슷한 정도 혹은 그 이상의 사망자가

발생하고 있다. 사람들은 대체로 자기 의견에 확신이 있지 않은가? 하지만 얼마나 자신이 있는지 정확히 측정해야 할 경우 자기 자신을 의심하거나 의견의 출처에 의문을 제기할 수 있다. 심지어 의견을 바꿀 때도 있으며, 이전보다 확신에 덜 차는 경우도 있다.

 틀린 생각 바로잡기

누군가가 나에게 무엇을 알려 준다면 나는 그 말이 100퍼센트 정확하다고 단정지을 것이다. 그렇지 않으면 상대방에게 아주 무례하게 행동하는 셈이다.

➤➤ 정중하게 행동한다면 문제 될 것이 없다. "그것 참 흥미롭네요. 관련 정보를 어디에서 더 얻을 수 있습니까?" 또는 "정말 놀라운데요. 정보 출처가 무엇입니까?" 등의 질문을 통해 상대방이 들려주는 사실 정보를 좀 더 조사해 보라. 이렇게 묻는 것은 절대 무례하지 않다. 만일 "제 사촌이 KFC에서 일하는 직원한테서 들었는데요, 그 사람은 손님한테서 들었다고 하네요."와 같은 대답이 돌아오면, 그 정보를 바탕으로 중요한 결정을 내리기 전에 내용을 꼼꼼히 확인해야겠다는 생각이 들지도 모른다.

나는 최근에 아들이 다니는 학교로부터 이메일 한 통을 받았다. 어떤 여자가 길모퉁이에서 보모와 아이에게 접근했다는 내용이 담긴 경고문이었다. 그들에게 차를 태워 주겠다고 접근한 모양이었다. 다행히도 보모는 전혀 모르는 사람의 차에 타지 말아야 한다는 것을 알고 있었다. 그 이메일은 학부모들이 경계심을 늦추지 않기를 바라는 마음에서 학교 측이 발송한 것이었다. 자녀가 어디 있는지 매 순간 알고 있고, 어떻게 집에 돌아오는지 꼭 알아 두라는 취지였다. 불행하게도 이 사건은 내가 살고 있는 집 근처에서 벌어진 일이었다. 일주일이 지나자 두 건의 '납치 사건'이 옆집에서 일어났고, 그 집에 살려고 계약했던 사람들이 들어오려고 하지 않는다는 소문이 동네를 휩쓸었다.

세상에! 진실을 아는 사람은 아무도 없었고 공식적인 수사 결과도 없었다. 알고 보니 입소문이 비논리적인 방식으로 의견을 형성하고 결정을 바꾸는 아주 강력한 도구로 작용한 것이다.

틀린 생각 바로잡기

나는 정보에 밝다. 나는 항상 책이나 신문에서 읽거나 뉴스에서 보거나 다른 사람들에게서 들은 내용을 바탕으로 의견을 낸다.

⫸ 어렸을 때 고장 난 전화기를 가지고 놀아 본 적이 있는가? 누군가의 귀에 속삭이면 그 이야기가 다른 사람들의 입을 통해 전해지는 게임을 해 본 적이 있는가? 맨 끝에 있는 사람이 전해 들은 이야기를 큰 소리로 반복하면 웃음이 날 만큼 이야기가 왜곡되고 틀어진 것을 알 수 있다. 사람들은 뉴스에서 보거나 어디에서 읽었거나 들은 것에 대해 이야기한다. 이야기는 여러 차례에 걸쳐 전해지고 사실이 모호해지거나 강화된다. 말하는 사람이 잘 몰라서 그러는 경우도 있고, 극적인 효과를 위해 그러는 경우도 있다. 그렇다고 해서 듣게 되는 사실 정보를 모두 확인하고 스스로 상황을 제대로 파악하기에는 시간이 너무 많이 걸릴 것이다.

'입수 가능성 실수'는 우리가 정보를 얼마나 쉽게 기억할 수 있는지가 판단에 지대한 영향을 미친다는 것을 보여 준다.* 비행기 사고를 당한 사람을 아는 경우 아주 오랫동안 비행기를 타지 않을지도 모른다. 경험이나 의견상 비행기가 위험하다는 생각이 들기 때문이다.

이는 바로 2001년 9월 11일에 일어난 테러 공격 이후에 벌어진 현상이다.

---

* 이 현상은 심리학자 아모스 트버스키(Amos Tversky)와 대니얼 카너먼(Daniel Kahneman)에 의해 처음으로 보고되었다.

여행이 목적이든 출장이 목적이든 숱한 사람들이 항공권 예약을 취소하고 육로를 이용했다. 불행하게도 256명의 사망자를 낸 비행기 넉 대보다 넉 달 동안 차 사고로 사망한 사람이 여섯 배나 많았다.* 항공권이 그 어느 때보다도 저렴했고 비행기를 이용하는 것이 차를 운전하는 것보다 훨씬 안전했는데도 수천 명의 사람들이 잘못된 논리, 또 감정에 기반을 둔 논리를 바탕으로 결정을 내려 가족을 위험에 빠뜨렸다.

결정을 내리는 데 쓸 수 있는 시간이 짧을수록 우리는 정신적인 지름길에 더 많이 의지하게 마련이다. 선택 사항이 너무 많거나 상충하는 정보를 입수했을 때도 똑같은 일이 발생한다.

뇌가 실수를 저지른다는 사실을 아는 것은 그런 실수가 중요한 결정에 미치는 영향을 줄이는 첫 단계이다. 입수 가능성 실수를 다루는 두 번째 단계는 다음과 같은 간단하지만 강력한 질문에 답하는 것이다.

> 아하, 그렇구나!
>
> 문제를 해결하거나 결정을 내릴 때 뇌는 정보와 사실을 기억해 내려고 마지막으로 입수한 정보는 들이고 처음 입수한 정보는 밀어내는 시스템을 이용한다. 이것이 머릿속에 곧바로 떠오르는 정보가 항상 가장 중요한 정보처럼 여겨지는 이유다.

▶ 내가 갖고 있는 정보의 출처는 무엇(누구)인가?

▶ 나에게 정보를 준 사람은 이 정보를 어떻게 습득했는가?

▶ 혹시 내가 추정하고 있는 내용은 없는가?

---

* 게르트 기거렌저(Gerd Gigerenzer), 《인간을 위한 합리성 − 사람들이 불확실함에 대처하는 방법(진화와 인식)(Rationality for Mortals: How People Cope with Uncertainty(Evolution and Cognition))》(2008년)

▶ 무엇을 근거로 추정하고 있는가?

▶ 보거나 듣거나 읽은 최신 정보만을 이용하고 있는가?

더 나아가기 전에 '추정하다'라는 단어의 의미에 주목할 필요가 있다. 추정한다는 것은 추론한다는 것과는 다른 의미다. 추론을 잘하는 사람들은 돈을 많이 번다. 그만큼 추론은 매우 중요한 역할을 한다. 추론은 알고 있는 사실 또는 개인적인 경험이나 생각에 의거하여 의견을 형성하는 것이고, 추정은 근거가 없거나 아주 약간만 있는 상태에서 결론을 내리는 것이다.

문제 해결 비법 3 - 주어진 틀(과 신선한 과일)이 의사결정 과정을 방해하게 하지 말라

동네 마트에 들어서는 자신의 모습을 상상해 보라. 제일 먼저 찾아가는 구역이 어디인가? 기저귀나 살충제 판매 코너에 가장 먼저 들르지는 않을 것이다. 아마도 청과물 코너를 제일 먼저 찾아가지 않을까? 내가 어떻게 알았는지 궁금한가?

태국 푸켓의 테스코든 영국 사우샘프턴의 세인스버리든 마트는 어디든지 똑같은 구조를 지니고 있다. 하지만 바나나와 토마토를 먼저 사고 그다음에 캔 탄산음료와 세제 박스를 사고 싶은 사람은 없지 않을까? 우리는 초콜릿바와 사탕이 계산대 근처에 놓여 있는 이유를 알고 있다. 그런데 부피가 큰 물건을 먼저 사고 터지기 쉬운 과일은 마지막으로 사야 하지 않을까? 이에 대해 잠시 생각할 시간을 주겠다.

앞의 수수께끼에 관한 답을 알아냈다면 다음 수수께끼도 풀어 보라. 아래에 나열된 숫자들을 살펴보라.

$$5 - 4 - 9 - 1 - 7 - 10 - 3 - 2$$

숫자 6과 8이 빠졌는데 원래 어디에 있어야 하는지 알겠는가? 숫자를 잘 다루는 사람이라면 쉽게 풀 수 있는 문제다.

<생각하는 공간>

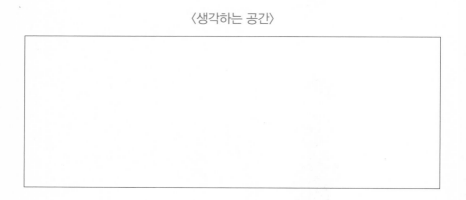

답을 찾아냈는가? 대부분의 사람들은 이 문제를 어렵다고 여기거나 아예 풀 수 없다고 생각한다. 힌트를 하나 주자면, 이것은 대부분의 사람들이 매일 다루는 가장 흔한 숫자 배열이다.

답을 들을 준비가 되었으면 계속 읽어 나가기 바란다. 이 문제는 숫자의 형태로 주어져 있기 때문에 숫자를 이용해서 풀어야 한다는 생각이 들게 마련이다. 게다가 내가 문제를 내고 나서 숫자에 강한 사람들은 쉽게 풀 수 있을 것이라고 언급하기도 했다. 그것은 교활한 속임수였다. 위의 숫자들은 사실 알파벳 순서로 적혀 있다. 숫자의 틀에 갇혀 있을 때는 이 사실을 알아채기가 매우 어렵다. 이럴 때는 주어진 사실이나 문제를 아무리 훑어봐도 답이 보이지 않는 경우가 많다. 이것 역시 '틀에 의지하기'라고 불리는 또 하나의 정신적인 실수다.* 문제가 어떤 방식으로 제시되느냐, 어떤 틀 안에 있느냐는 관련 정보만큼 혹은 그 이상으로 최종 결정에 영향을 미칠 수 있다.

똑똑한 토막 정보

'틀에 의지하기'는 문제가 어떤 방식으로 제시되어 있는지가 관련 정보만큼 혹은 그 이상으로 최종 결정에 큰 영향을 미칠 때 나타나는 정신적인 실수다.

문제를 해결하는 방법은 관련 정보를 더 수집하는 것이 아니라 그 정보를 보는 시각에 변화를 주는 것일 때가 상당히 많다. 수평적인 사고를 하는 사람들이나 창의적인 분야에서 훈련받은 사람들은 의도적으로 시각에 변화를 주어 더 나은 해결책을 더 빨리 알아낸다. 이런 함정에 빠지지 않도록 도와줄 수 있는 의사결정 도구가 몇 가지 있는데, 이에 관해서는 8장과 9장에서 살펴보려고 한다. 그 전까지는 틀에 의지하는 실수를 방지할 수 있는 비법을 소개하겠다.

틀에 의지하는 실수를 방지하는 비법

▶ 어떤 문제에 접근하는 데 새로운 생각의 틀이나 관점이 언제나 존재한다는 사실을 인정하라. 처음에 지녔던 생각의 틀이 유일하거나 최선이 아

---

* 이 현상 역시 심리학자 아모스 트버스키와 대니얼 카너먼(1986년)에 의해 처음으로 보고되었다.

닐 수도 있다.

▶ 우리는 감정적인 생각의 틀에 갇혀 있는 경우가 있다. 예를 들어 기쁘거
나 흥분했거나 승리를 축하하고 있을 때에는 어렵고 냉소적인 질문을 던
지지 않는 것이 좋다.

▶ 이와 마찬가지로 모든 사람들이 어떤 프로젝트에 관해 들떠 있다면 부정
적인 면에 관심을 갖게 하거나 잠재적인 위험 요소 또는 손실이 무엇인
지 묻기 어려울 수도 있다.

▶ 천성적으로 낙관적이고 외향적이라면 어떤 사안에 접근하는 방법이 이
득과 긍정적인 측면에 초점이 맞춰질 것이다.

▶ 천성적으로 비관적이거나 냉소적이라면 문제가 안고 있는 위험성이 눈
에 제일 먼저 띌 것이다.

▶ 처음에 선택한 생각의 틀에서 벗어나 문제에 대해 전체론적인 시각을 갖
추기 어려운 경우가 많다. 문제를 바라보는 시각을 변화시키는 것은 TV
채널을 바꾸는 것과 크게 다르지 않다. 둘 다 의식적으로 이루어지는 행
동이며, 하나의 시각이 다른 시각보다 더 중요하지 않다는 사실을 염두
에 두어야 한다.

장바구니에 망고나 버섯을 담기 전에 무겁고 부피가 큰 물건을 담아야 하
는데도 마트에 들어설 때 청과물 코너가 우리를 가장 먼저 반기는 이유를 알
아냈는가?

청과물에서 신선하고 건강한 냄새가 나고 그 색깔이 생기를 주기 때문이
다. 이런 냄새와 색깔 덕분에 우리의 감각 기관은 저마다 여러 가지 정보를 입
수할 수 있다. 위는 우리가 질 좋고 신선한 음식에 둘러싸여 있다는 사실을 알

고 음식을 먹고 싶어 한다. 이는 우리의 기분을 좋게 하여 힘들게 번 돈과 이별하는 일을 더 쉽게 만든다. 구두약이나 샴푸로는 당연히 이런 효과를 거둘 수 없을 것이다!

전문가들은 항상 훌륭한 결정을 내리는가?

위키피디아는 '전문가'를 이렇게 정의한다. "전문가는 특정 분야에서 연습과 교육을 통해 오랜 기간에 걸쳐 집중적인 경험을 한 사람을 일컫는다. 어떤 분야에서는 전문가의 정의가 그 분야에 속한 사람들의 합의에 의해 정해지기도 한다. 따라서 개인이 전문가로서 인정받기 위해 반드시 전문적이거나 학문적인 자격 조건을 갖추지 않아도 된다. 이런 면에서 생각해 볼 때 50년 동안 양을 친 양치기는 목양견의 사용과 훈련법, 양을 돌보는 일에 관해 완벽하게 전문성을 보유하고 있다고 널리 인정받을 수 있을 것이다."

우리는 전문가가 의사, 변호사, 회계사와 같은 직업에 국한되어 있다고 생각하는 경향이 있지만 실은 우리 모두 무엇인가의 전문가다. 그렇다면 전문가는 어떻게 될 수 있는 것일까? 10,000시간의 구체적인 실습 경력이 있어야 할까? 10,000시간을 환산하면 10년간 하루에 네 시간씩 한 달에 21일 동안 기술을 갈고닦는다는 계산이 나온다. 자신이 어떤 분야의 전문가인지 상상하기 매우 힘들 때도 있다. 그럴 때에는 지난 10년 동안 어떤 일을 일주일에 5일씩 했는지 생각해 보라. 어떤 사람들은 육아 전문가이고, 어떤 사람들은 일하는 분야의 전문가다. 또한 취미 활동의 전문가인 사람도 있고, 영업이나 공예의 전문가인 사람도 있다.

필자의 추천 방법 당신은 어떤 분야의 전문가인가? 10,000시간을 들여 갈고닦은 것이 무엇인가? 너무 깊이 생각하지 않고도 그냥 할 줄 아는, 정말 잘할 수 있는 것이 있는가?

어떤 분야의 전문가가 된다는 것은 여러 가지 장점이 있다. 경험이 많다는 것은 맞닥뜨리게 될지도 모르는 문제와 그 해결책이 담긴 정신적 데이터 뱅크를 보유하고 있다는 의미다. 과거에 무엇이 효과가 있었고 무엇이 효과가 없었는지 알고 있는 것이다. 초보자보다 결정을 빨리 내릴 수 있으며, 정보를 이해하고 조직하는 일도 더 빨리 더 쉽게 처리할 수 있다. 이는 자신감을 향상 시켜 주며 문제를 더욱 효과적으로 해결할 수 있도록 돕는다.

영어를 사용하는 대부분의 성인은 영어 전문가다. 영어권 국가 출신의 사람들은 실제로 10,000시간이 넘도록 영어로 말을 했으니 틀린 말이 아니다. (나의 경우에는 두 번의 생애에 걸쳐 해야 할 말을 벌써 다 했다는 소리를 남편한테서 듣기도 한다.) 그렇다면 우리 모두 알고 있는 영어 알파벳을 한번 살펴보자. 나와 함께 따라 읽기 바란다.

A – B – C – D – E – F – G – H – I – J – K – L – M – N – O – P – Q – R – S – T – U – V – W – X – Y – Z

이번에는 손으로 알파벳을 가리고 이와 똑같은 속도로 알파벳을 거꾸로 외워 보라. 어렵게 느껴지는가? 대부분의 사람들은 이것을 어려워한다.

전문가가 된다는 데에는 불리한 점도 있다. 방금 경험한 것을 토대로 추측 해 볼 때 어떤 점이 불리할 것 같은가? 특정한 기술이나 기교를 마스터하는 것은 노력을 많이 필요로 하는 대단한 업적이다. 시간이 어느 정도 흐르면 우리는 적극적으로 배우는 일을 중단하고, 그 결과 지식 베이스를 확장하는 일을 그만두는 지경에 이른다. 불행하게도 도전 과제는 끊임없이 찾아오며, 진화하고 더욱 복잡해지기까지 한다. 새로운 문제에 대해 매번 낡고 여러 사람들이 이미 시도하고 실험해 본 기술로 접근할 경우 문제를 해결하기 어려워진다. 오래된 기술이 이렇게 실패로 돌아가면 '전문가의 함정'에 빠졌다고 봐야 할지도 모른다.

이런 현상은 공개 연설가들에서 흔히 볼 수 있다. 아주 세련된 연설가 중에는 20년이 넘는 경력을 자랑하지만, 신기술을 포용하거나 국제적인 상식이 풍부한 더 젊은 청중과 교감할 수 있도록 강연 콘텐츠를 업데이트하지 않는 사람도 있다. 이런 사람들은 설령 전문가일지 몰라도 관련 업계에서 도태될 위험이 있다.

전문가 함정을 피하는 비법

▶ 업데이트 : 잘하는 일을 할 수 있는 새로운 방법을 지속적으로 찾아보라.

▶ 위험성 : 안전지대에서 벗어나 신선한 접근법을 시도해 보라.

▶ 배우기 : 당신이 하는 일을 다른 사람들은 (당신보다 경험이 더 적은 사람들이면 더욱 좋다) 어떤 방식으로 하고 있는지 눈여겨보라. 혹시 배울 점이 있는가?

▶ 망보기 : 당신이 이용하는 접근법이 구식일지도 모른다는 생각으로 그것을 암시할 만한 단서가 있는지 찾아보라.

실수를 방지하기 위한 다른 문제 해결 도구

누구나 정신적으로 실수를 범할 수 있다는 사실을 인정하는 것이 중요한 첫걸음이다. 그러고 나면 의사결정의 질이 보다 간단한 몇 가지 조치를 통해 두드러지게 향상될 수 있다.

다음에 제안하는 내용을 한번 시도해 보라.

▶ 당신의 생각을 확인시켜 주는 근거가 아닌 시험하는 근거를 찾아보라.
▶ 부정적인 피드백을 받으면 자연스럽게 묵살하거나 그것의 문제점을 지적하게 되는데, 그러지 않도록 노력해 보라.
▶ 자신의 프로젝트나 결정에 스스로 동의하지 않는다고 가정해 보자. 당신이라면 어떤 면을 지적하겠는가?
▶ 반대 의견을 수집하는 것도 중요하다. 적어도 두세 가지 의견을 적극적으로 구해 보라. 최종 결정을 내리기 전에 당신의 의견에 반대하는 사람을 두 명 정도 찾아보는 것이 좋다. 이는 아주 유용한 공짜 충고다. 나중에 괴로움을 덜어 줄지도 모른다.

프로젝트나 결정을 마무리하기 전에 반대 의견을 구하는 것이 나중에 너무 늦었을 때 부정적인 피드백을 받는 것보다 낫지 않을까? 내가 왜 반대 의견을 두세 가지나 들어 보기를 추천하겠는가? 여러 가지 이유를 대며 한 명의 의견을 묵살하기는 쉬워도 두세 명이 비슷한 피드백을 준다면 무시하기 어렵기 때문이다.

이런 가이드라인을 따르는 것은 생각보다 어렵다. 하지만 최선의 결정을 내릴 수 있는 매끄럽고 효율적인 정신적 엔진을 개발하고 싶다면 실수를 방지하는 데 필요한 조치를 취해야 한다.

정신적인 실수를 방지하기 위한 특별 비법

1. 누구나 정신적인 실수를 범한다는 사실을 받아들여라. 이는 더 나은 결정을 내리기 위한 첫걸음이다.

2. 자신의 의견에 도전장을 던져라. 의견이 양질의 정보에 바탕을 두고 있는가? 아니면 추측이나 소문에서 비롯된 의견인가?

3. 추론하라. 절대로 추정하지 말라.

4. 문제가 제시된 방식을 유심히 살펴보라.

5. 정신적인 생각의 틀이 의사결정 접근법에 영향을 미칠 것이라는 사실을 염두에 두라.

6. 복잡한 문제를 최대한 다양한 시각으로 살펴보라.

7. 무엇인가의 전문가라는 사실을 즐기되 당신의 기술이 구식은 아닌지 살펴보라.

8. 우리가 맞닥뜨리게 되는 도전이 예측할 수 없는 방향으로 진화한다는 사실을 기억하라. 새로운 도전에 맞서기 위해서는 전문 지식을 꾸준히 업데이트해야 한다.

9. 어떤 결정이든 최종적으로 확정짓기 전에 생각을 확인시켜 주는 근거뿐 아니라 그에 반하는 근거도 찾아보라.

10. 최종 결정을 내리기 전에 반대 의견을 적어도 두세 가지는 수렴하라.

안전한 생각

"현명한 자는 스스로 결정을 내리고,
무지한 자는 여론을 따른다."
-중국 속담

CHAPTER 6

의사결정의 안전지대

여기 아시아에서는 '틀에서 벗어난 사고방식'이라는 표현이 지나치게 자주 이용되는 상투적인 문구다. 어쩌면 아시아뿐만 아니라 다른 지역에서도 지나치게 사용될지 모르겠다. 어딘가에 사는 누군가가 여기서 말하는 '틀'이란 정확히 무엇이고 어디에 있는 것인지 알면서도 우리에게 알려 주지 않은 모양이다. 만일 당신의 틀을 찾은 적이 있고 거기에서 벗어난 적이 있다면 그 발견만으로도 엄청난 돈을 벌 수 있을 것이다.

하지만 나의 경험상 '틀'이란 창의적이지 못한 사고와 편협한 의사결정을 의미하는 비유에 불과하다. 희소식은 우리가 천재적인 해결책을 제시하는 일을 어려워하고 똑같은 실수를 반복하거나 현 상태에 반하는 행동을 하기 힘든 데에는 아주 현실적인 이유가 있다는 것이다. 틀 안에 머리를 집어넣고 있어서라기보다는 인간이 안락함과 습관에 의지하는 동물이기 때문이다. 우리의 안전지대는 생각해 내는 대안과 결정에 큰 역할을 한다.

 똑똑한 토막 정보

안락함과 습관은 틀에서 벗어난 사고를 하는 능력보다 결정에 훨씬 지대한 영향을
미친다.

살아가면서 내리게 되는 결정이 모두 선다형이었다면 대부분의 결정은 다
음의 선택 사항을 동반했을 것이다.

▶ 아무것도 하지 않기
▶ 늑장 부리기
▶ 항상 하던 일 하기
▶ 남에게 대신 해 달라고 부탁하기
▶ 새로운 일 하기

솔직히 얘기해 보자. 중요한 결정을 내리는 일은 어렵다. 선택 사항을 스스로 고르고 조사해야 할 때는 훌륭한 결정을 내리기가 더욱 어렵다. 문제가 너무 크게 느껴진 나머지 어딘가에 숨어서 문제가 알아서 사라지기를 바랄 때도 있다. 잘못된 생각의 틀에 갇혀 있는 경우 쉬운 결정조차도 어렵게 느껴질 수 있다. 해결하기 어렵거나 불가능하다며 문제 자체를 탓하고 싶을 수도 있겠지만, 우리의 안전지대가 문제 해결 능력에 어떤 영향을 미치는지 먼저 이해할 필요가 있다. 깜짝 놀랄지도 모른다.

이제부터 결정의 순간에 놓일 때 주로 주어지는 선택 사항을 탐색할 예정인데, 위에서 언급한 네 가지 선택 사항이 '틀'을 이루는 네 개의 면일지도 모른다는 생각이 들 것이다.

당신의 안전지대는 얼마나 넓은가? 다음 질문에 답하고 자신이 얼마나 편안하게 느끼는지 알아보라.

▶ 2년 연속 똑같은 곳으로 휴가를 간 적이 있는가?

▶ "못 쓸 정도만 아니라면 그대로 쓰라."는 격언을 믿는가?

▶ 지난 10년간 이사를 몇 번이나 했는가?

▶ 성인이 된 후로 나라를 옮겨서 산 적이 몇 번이나 있는가?

▶ 같은 회사에서 몇 년이나 일했는가?

▶ 똑같은 브랜드의 차를 몇 번이나 구입했는가?

어쩔 수 없을 때에만 인생에 커다란 변화를 준다면 당신은 대부분의 사람들처럼 안전지대가 넓은 편이다. 인간은 습관에 의지하는 동물이며, 우리의 안전지대는 오랜 시간에 걸쳐 여러 시행착오를 통해 조심스럽게 형성된다. 항상 똑같은 곳으로 휴가를 간다면 그곳에서 평화로운 시간을 보내기 때문일 수도 있다. 지금 살고 있는 나라나 집에서 완벽하게 행복하다면 뭐 하러 굳이 다른 곳으로 이사를 가겠는가? 지금 상황 자체에 만족한다면 시간을 허비하면서 상황을 더 낫게 바꾸려고 할 필요가 없지 않을까? 이는 우리가 안전지대를 벗어나지 않으려고 하는 합리적인 이유다.

안전지대 안에서 우리는 아무 불편이나 위험성 없이 일하며 살아간다. 해야 할 일이라곤 상황을 그대로 유지할 만큼만 노력하는 것이다. 우리는 안전지대 안에 최대한 오래 있으려고 애쓴다. 그곳을 벗어나는 것은 도전적이고 위험하며 겁이 나는 일이기 때문이다.

위험!

휴가 갈 곳을 선택할 때 의사결정의 안전지대 안에 머무는 것은 문제가 되지 않는다. 그러나 어려운 결정을 내릴 때 안전지대를 벗어나려고 하지 않는다면 '아무것도 하지 않기'라는 디폴트 옵션을 선택하고 현 상태를 그냥 받아들이게 될 수도 있다. 더 나은 선택 사항이 있을지 모르는데도 알아보지 않는 것이다.

우리가 현 상태를 받아들이는 데에는 다음과 같은 다섯 가지 이유가 있다.

▶ 결정을 내리는 일은 어렵다. 현 상태를 받아들이고 안전지대에 머무는 것은 쉽다.

▶ 선택 사항이 너무 많아서 질려 버릴 수도 있다.

▶ 우리는 둘 중 한 가지 이유로 결정을 내린다는 사실을 염두에 두라. 손실을 회피하거나 이득을 얻으려는 이유 때문이다.

▶ 현 상태에 이미 너무 많은 것을 투자했을지도 모른다. 이전에 내린 결정에 시간이나 돈을 많이 들였기 때문에 이제 와서 상황을 바꾸기 어려울 수도 있다.

▶ 다른 선택 사항에 관한 정보를 수집하는 데 비용이나 시간이 많이 들 수 있다. 따라서 최선의 선택이 아니더라도 이미 알고 있는 것을 토대로 결정을 내리는 편이 더 빠르고 저렴하다.

"아무것도 하지 않는 것은 모든 인간이 지닌 능력의 범위 안에 있다."

—새뮤얼 존슨(Samuel Johnson)

 틀린 생각 **바로잡기**

나는 한 번 결정을 내리고 나면 무슨 일이 있어도 결정을 번복하지 않는다. 과거에 내린 결정을 바꾸는 것은 그것이 틀렸다고 인정하는 것이나 마찬가지다.

◀》 우리는 이전에 내린 결정을 정당화하려고 무리할 때가 있다. 자부심과 명성을 지켜 주기 때문이다. 맨 처음에 내린 결정이 틀렸다는 것을 인정하지 않으려고 좋지 않은 결정을 연달아 내릴 수도 있다. 단기적으로는 그것이 합리적인 판단이라고 여겨질지 몰라도 장기적으로는 파괴적인 결과를 야기할 수 있다.

내가 처음으로 쓴 소설책은 출판되지 못한 채 6년 동안 책장에 꽂혀 있다. 에이전트나 출판사를 찾고, 책을 선보일 방법을 강구하고, 결국에는 거절당할 것이 거의 확실하다는 생각이 자존심상 감당하기 어려웠다. 책이 책장에 얌전히 꽂혀 있는 동안은 나나 내 자존심이 행복한 상태가 아니겠는가. 나와 내 자존심은 그 책이 작은 보석이라고 생각하고, 아무도 비판하지 않는다는 점을 마음에 들어 한다. 책이 출판되어 얻게 되는 이득보다 출판업자한테 사랑받지 못할 위험이 더 크게 느껴져서 출판되지 않은 채로 내버려 두는 편이 낫다는 생각이 드는 것이다.

안전한 생각의 위험성

현 상태를 주기적으로 받아들이게 하는 안전한 생각이 어떤 결과를 초래할 수 있는지 살펴보자.

▶ 실패한 프로젝트를 필요 이상으로 오래 붙잡고 있게 된다.

▶ 다른 대안을 그다지 찾아보지 않는다.

▶ 리더, 정부, 직원들을 필요 이상으로 같은 자리에 오래 둔다.

▶ 불평하거나 소란을 피우기 싫어서 형편없는 서비스를 감내한다.

▶ 디폴트 옵션이 최선이 아니더라도 그것을 고른다. 다른 옵션을 조사하는 것은 비용이나 시간이 너무 많이 들기 때문이다.

> **똑똑한 토막 정보**
> 매우 성공적인 사람들은 자신의 안전지대에서 주기적으로 벗어난다. 어느 정도의 위험을 감수하지 않고서는 돌파구를 찾을 수 없다는 사실을 알기 때문이다.

▶ 최선의 선택이 아니더라도 인간관계, 직장, 거주 환경을 바꾸지 않는다.

안전지대에서 벗어날 때 훌륭한 생각이 떠오른다

어떻게 해야 현 상태에 의문을 제기하고 새로운 것을 만들어 내는 일을 수월하게 할 수 있을까? 어떻게 해야 어려운 결정을 내리고 시류에 반하는 행동을 취할 수 있을까? 안전한 생각을 편하게 여기지 않도록 도울 만한 아이디어를 몇 가지 제시하겠다.

자신의 안전지대에 대해 알아보고 싶다면 아래의 질문에 답해 보라.

▶ 나는 이 일을 해 본 적이 있는가? 내가 가장 편하게 여기는 것은 무엇이고, 나를 불편하게 만드는 것은 무엇인가?

▶ 짧은 기간 동안 나를 매우 편하게 만들 수 있는 결정이나 선택이 있는가? 그 선택 사항을 고르는 데 얼마나 끌리는가?

▶ 현 상태가 여전히 나에게 최선의 옵션인가? 상황을 재평가한 지 얼마나 오래되었는가?

▶ 특정한 결정이나 도전을 위해 구체적인 목표를 세워라. 그러면 옵션에서 해결책으로 관심을 돌려 거기에서부터 거꾸로 일하는 데 도움이 될 것이다. 자신의 궁극적인 목표가 무엇인지 자문하라. 현 상태는 현재와 미래에 목표를 모두 충족시키는가?

▶ 대안이 너무 많아 결정하는 일이 어렵게 느껴지고 디폴트 옵션을 선택하고 싶은 생각이 든다면 결론을 내리기 전에 대안의 개수를 줄이는 방법을 찾을 수 있는가?

▶ 선택 사항이 몇 가지뿐이고 현 상태가 최선이라는 생각이 들 경우 아직

고려해 보지 않은 다른 대안들도 검토했는가?

▶ 현 상태가 디폴트 옵션으로 이미 존재하지 않았더라도 그것을 선택했을 것 같은가?

▶ 현 상태가 어려운 결정을 내리는 것을 회피하려고 선택한 편리한 옵션에 불과한가?

▶ 현 상태에 반하는 행동을 취하지 않을 만큼 현 상태에 매우 헌신적인가?

 틀린 생각 바로잡기

현 상태에 도전장을 내미는 훌륭한 아이디어나 창의적인 해결책을 내놓고 싶지만 영감이 떠오른 적이 없다. 훌륭한 아이디어를 내려면 창의력을 타고나야 한다.

◈ 다시 생각해 보라! 훌륭한 아이디어는 각고의 노력을 들여 얻는 대가이며, 영감은 저절로 떠오르지 않는다. 창의적인 사람들이나 문제를 해결하는 전문가들은 현 상태에 끊임없이 의문을 제기하는 사람들이다.

"'전화기'라는 것은 통신 수단으로서 심각하게 재고되어야 할 단점이 너무 많다. 이 장치는 본질적으로 우리에게 아무런 가치도 없다."

–웨스턴 유니온(Western Union) 사내 메모, 1876년

모두가 현 상태를 그대로 받아들인다면 세상에는 아무런 발전도 없을 것이다. 어떤 발명품이든 누군가가 더 나은 무엇인가를 하기 원했고, 불편한 생각을 하고, 위험을 감수하고, 안전지대에서 벗어날 준비가 되어 있었기 때문에 탄생한 것이다. 자신의 안전지대에 도전하는 데서 그치지 않고 다른 사람의 안전지대에도 이의를 제기해야 할 때가 있다.

늑장 부리는 것이 약점인가?

내 홈페이지를 방문하지 말라. 창피하다. 새 홈페이지가 필요할 뿐 아니라 브랜드를 대대적으로 손봐야 하는 상황이다. 나는 이 사실을 제법 오랫동안 알고 있었다. 포커스 그룹에게 이 문제를 들여다보고 어떤 일을 해야 할지 제 안해 달라고 부탁한 적이 있었기 때문이다. 그렇다면 내가 어떤 변명을 내세우며 이 문제를 몇 달씩이나 해결하지 못했다고 생각하는가? 바로 시간이다. 그것이 우리가 주로 하는 변명 아닌가? 하지만 고객이 전화를 걸어 내일까지 제안서를 보내 달라고 요청하면 밤을 꼬박 새서라도 일을 끝낼 것이다. 내 홈 페이지는 제안서 한 개보다 훨씬 많은 비즈니스를 창출할 잠재력이 있다. 홈 페이지가 미래의 수입에 영향을 미치기도 한다. 나는 어쩌면 일거리를 잃고 있는 중인지도 모른다. 혼란스럽고 살펴 보기 힘든 내 홈페이지에 잠재 고객이 방문했다가 인터넷 창을 닫아 버릴지도 모르기 때문이다.

위험!

업무를 처리하거나 결정을 내 리기에 시간이 부족하다고 불평하지 않도록 조심하라. 시간이 문제가 되는 경우는 극히 드물다.

내 이름은 트레멘이고 나는 늑장을 부린다.

똑똑한 토막 정보

업무나 결정에 우선순위를 제대로 매기지 않는 것은 늑장을 부리게 되는 주원인이 다. 늑장을 부리는 것은 창의적이지 않은 '틀' 의 한 가지 면이다.

완벽하게 늑장을 부리려면 연습이 필요하다

늑장을 부리지 않는 성격이라면 이 절을 건너뛰기 바라고, 늑장을 부리는

위험!

'정말 이상하군. 온종일 바빴는데도 쓸모 있는 일을 하지는 못했어.'라는 생각을 하는 적이 있는가? 결정에 우선순위를 매기는 능력이 없거나 하루의 계획을 잘 따르지 못하는 것은 좋지 않은 작업 습관이다. 그럴 경우 아무리 하루를 바쁘게 보내고 하루 일과를 마치고 나서 피곤하더라도 생산성이 떨어질 수 있다.

성격이라면 나중으로 미루지 말고 당장 읽어라.

아래의 시나리오 중에서 친숙하게 느껴지는 것이 있는가?

▶ 방해가 되지 않도록 쉽게 빨리 할 수 있는 일부터 처리한다. 그러고 나면 큰 일과 씨름할 시간이 남지 않는다.

▶ 프로젝트를 완성할 시간이 충분히 주어지더라도 마감일이 코앞에 닥쳐서야 끝내는 경향이 있다.

▶ 어떤 업무를 수행하기 싫은 날에는 그 일을 다음으로 미룬다.

▶ 아직도 일을 하지 않았다는 죄책감이 들 때서야 일을 끝마친다. 그동안 다른 일에 집중하기 어려웠는데도 말이다.

▶ 마감일을 넘기기 일쑤다.

필자의 추천 방법 하려는 의도는 있지만 실제로 하지 않는 일들을 종이에 적어 보라. 그리고 (a) 해 두면 좋은 일, (b) 당장 중요하지는 않은 일, (c) 중요한 일로 나눠 보라. 이제 자신이 정말로 중요한 일을 하지 못하게 가로막는 것이 무엇인지 자문해 보라.

우리는 왜 늑장을 부리는가?

아무것도 하지 않는 것이 옵션이 아닐 때도 있다. 행동을 취해야 하는데도 여러 가지 이유를 대며 하기 싫을 수도 있다. 늑장을 부리는 사람들은 이렇다.

▶ 재미있는 것부터 먼저 한다.

▶ 제대로 된 업무 관리 시스템을 항상 갖추지 못했기 때문에 어떤 업무가 마감 기한이 있는지, 그 기한이 언제인지 잘 모른다. 마감일이 얼마 남지 않았다고 누군가가 상기시켜 주거나 마감일이 임박했음을 느낀 후에야 조치를 취하고 서둘러 프로젝트를 끝낸다.

▶ 현 상태에 의문을 던지는 일이 겁나서 가능한 한 오랫동안 아무것도 하지 않는 편을 택한다.

▶ 결정을 내리고 그대로 행동하는 것을 어려워한다. 결정은 항상 변경할 수 없다는 느낌이 든다.

▶ 중요한 일을 할 시간이 생길 때까지 기다린다.

▶ 업무 대신 그 업무를 하는 데 드는 시간을 관리하려고 노력한다.

아하, 그렇구나!

시간 관리라는 것은 실제로 존재하지 않는다. 시간을 관장하는 신이 아니라면 시간을 통제할 수 없다. 하지만 당신의 시간을 잡아먹는 업무는 통제할 수 있다.

늑장을 부리는 성격이라면 특정한 프로젝트를 차일피일 미루는 자기만의 이유가 분명히 있을 것이다.

늑장 부리는 습관을 버리는 비법

명확한 일간, 주간, 월간 계획표를 짜라. 한 달에 최소 30분, 일주일에 15분, 하루에 10분은 업무를 계획하는 데 할애하라. 다이어리, 블랙베리, 아이폰, 아이패드, 노트패드, 화이트보드, 달력(구글 달력이나 마이크로소프트 아웃룩 달력)에 마감 기한을 표시해 두고 그달이나 그 주, 그날에 해야 할 일을 적어 두라. 규모가 큰 업무를 작은 단위의 일일 업무로 쪼개는 것도 잊지 말라. 도움이 될 만한 비법을 몇 가지 소개하겠다.

▶ 하루하루 업무에 우선순위를 매기고 최우선적인 업무로 하루를 시작하라.
그러면 온종일 다른 일을 하지 않더라도 가장 중요한 일은 마쳤을 것이다.

▶ 최우선적인 업무를 끝낸 후에만 재미있는 일로 넘어가라.

▶ 하루하루 중요한 일을 끝마치는 느낌을 즐겨라. 마감 기한이 얼마 남지
않았을 때 쫓기듯이 일하며 스트레스를 받은 것, 또는 몇 주 전에 끝낼 수
있었던 일을 급하게 처리했던 경험을 떠올려 보라. 이제 어떤 것이 더 나
은지 선택해 보라!

▶ 어려운 결정을 미루고 싶다면 어차피 언젠가 그 결정을 내려야 한다는
사실을 기억하라. 결정을 빨리 내릴수록 압박감에서도 빨리 벗어날 수
있다.

틀린 생각 바로잡기

나는 압박감에 시달릴 때 일을 가장 잘한다. 따라서 가능한 한 늦게까지 프로젝트
나 결정을 미루는 편이 좋다.

•))) 이런 방법은 오히려 역효과를 낳을 수도 있다. 마지막 순간까지 일을 미루는 것
은 항상 위험이 따른다. 예기치 않은 일이 발생하여 계획에 차질이 생기거나 좋은
취지에서 미룬 일에 영향을 미칠 수도 있다. 압박감에 시달리며 일을 하거나 결정
을 내리는 것이 최고의 결과로 이어지는 경우는 상당히 드물다. 상황을 더 복잡하
게 만드는 문제가 있을 때는 더욱 그렇다. 시간이 걸리며 압박이 심할 때는 일에
대해 이것저것 철저히 생각해 보기가 매우 어렵다.

사회적 통념이 언제나 현명한 것은 아니다

우리는 가끔 결정을 내릴 필요가 없어서 결정하지 않기로 할 때가 있다. 상사나 다른 누군가가 대신 결정을 내려 주기 때문이다. 그 사람들이 우리보다 상황을 더 분명하게 인식할 수도 있다. 이것이 바로 누구나 그냥 알고 있는 사회적 통념이다.

나이가 들수록(아직 그렇게 많은 나이는 아니다) 나는 사회적 통념에 놀랄 만한 지혜가 담겨 있기보다는 훨씬 바보 같은 면이 있다는 사실을 깨닫게 된다. 사회적 통념이 의사결정에 미치는 영향에 대해 논하기 전에 우리가 똑같은 개념에 대해서 얘기하고 있다는 것을 확인할 겸 사회적 통념의 의미를 찾아보자.

"사회적 통념은 대중이나 특정 분야의 전문가들이 사실이라고 일반적으로 용인하는 아이디어나 설명을 나타낸다. 이 용어는 아이디어나 생각이 검토되지 않았으며, 따라서 차후에 검토되거나 상황이 전개되는 방식에 따라 재평가될 수 있음을 시사한다." (위키피디아)

"관습적인(전통적인) 시각은 생각해야 하는 고통으로부터 우리를 보호하는 역할을 한다."

−존 케네스 갈브레이스(John Kenneth Galbraith)

 똑똑한 토막 정보

검토되지는 않았으나 전문가 혹은 대중이 사실이라고 용인하는 아이디어는 사회적 통념으로 간주된다.

정의의 마지막 부분은 우리의 의사결정에서 중요한 역할을 한다. 의사결정자들은 대체로 일반적으로 수용되는, 즉 당연하게 여겨지는 아이디어를 의사결정 자료로 이용한다. 우리가 의문을 제기하지 않는 사회적 통념에는 어떤 것이 있을까?

내가 자주 접하게 되는 사회적 통념 몇 가지를 적어 보았다.

- ▶ 채식 식단은 체중을 줄이는 데 도움이 된다.
- ▶ 유방암은 여성만 걸리는 병이다.
- ▶ 어머니나 아버지는 항상 상황을 가장 잘 알고 있다.
- ▶ 오픈 플랜식 사무실은 더 효율적이며 생산성을 증대시킨다.
- ▶ 상사에게 절대로 이의를 제기해서는 안 된다.

이번에는 잘못되었다고 밝혀진 오래된 통념 몇 가지를 적어 보았다.

- ▶ 주택만큼 안전한 투자 상품은 없다! (부동산은 언제나 투자하기에 안전하다.)
- ▶ 직원들은 절대로 자택 근무를 해서는 안 된다. 생산성이 떨어지기 때문이다.
- ▶ 상사는 엄하게 행동하고 일에 중점을 두어야 한다. 그래야 직원들이 그를 존경하고 실적을 올릴 것이다.
- ▶ 여성은 직장에서 설 자리가 없다. 집에서 아이들과 있어야 한다.
- ▶ 지구는 평평하다.

사회적 통념은 온갖 종류의 의사결정의 폐해로 이어진다. 통념이 의사결정 자료로 이용될 경우 워낙 널리 수용되는 생각이라 거기에 의문을 제기하는 법이 거의 없다. 어떤 사실이든 곧이 곧대로 받아들이지 않고 그 이면에 있

는 추정된 내용에 도전하는 것은 문제의 역학 관계에 상당한 변화를 불러올 수 있다.

현 상태에 도전하는 것처럼 사회적 통념에 의문을 갖는 것은 대부분의 사람들에게 쉽게 혹은 자연스럽게 찾아오는 기술이 아니다. 리더와 선지자들이 사회적으로 용인되는 생각에 이의를 제기하지 않는다면 우리는 결코 발전할 수 없을 것이다. 비행기가 발명되지 않았을 것이고, 여성이 남성과 똑같은 지위를 누릴 수 없을 것이다. 태양계 밖에 있는 행성을 발견하지도 못했을 것이며, 우리가 알고 있는 삶이 현재와는 상당히 다른 모습이었을 것이다.

하루하루 의사결정을 할 때 당연하게 여기는 것은 무엇인가? 누군가가 당연히 이렇게 느낄 거라고 생각해서 그 사람에게 물어보지도 않고 단정지을 때도 있지 않은가? 나는 항상 아들이 버섯을 먹지 않을 것이라고 단정지었다. 세 살배기들은 버섯을 먹지 않기 때문에 표고버섯을 먹을 거라고는 생각해 본 적이 없다. 그런데 알고 보니 표고버섯은 아들이 가장 좋아하는 음식이었다. 적어도 지금 당장은 말이다. 엄마가 무엇을 알겠는가?

음악을 불법으로 다운로드하는 사람이 워낙 많다 보니 그런 행동이 괜찮다고 생각하는 사람들도 있다. 나는 아시아로 이사 오기 전까지는 고급 승용차

를 타는 사람들이 부자일 거라고 생각했다. 아시아에서는 고급 승용차를 모는 것이 최고의 사회적 지위를 상징한다. 많은 사람들이 고급 세단을 소유하기 위해 작은 아파트에 살면서 대출을 받고 절약하는 생활을 하는데 말이다.

이 글을 쓰는 현재 멕시코 만에 대형 기름 유출 사고가 일어나 매일 900만 리터의 기름이 대양으로 스며들고 있다. 이 사고는 리더들로 하여금 미래의 경제 성장이 석유에 크게 의존할 것이라는 보편적인 생각에 의문을 던지게 했다. 30년 전에는 안정된 석유 공급원 없이 한 나라가 번창할 수 있을 것이라는 생각은 상상도 할 수 없었다.

"석유는 미국 경제의 생명선이다. 석유는 현대 산업 사회의 기반이자 원동력이므로 없어서는 안 될 자원이다."

—미국 에너지부, 1974년

이는 지금이든 미래의 어느 시점이든 사회적 통념을 뒤집을 패러다임의 변화를 야기할 수도 있다.

사회적 통념에 의문을 던지는 다섯 가지 방법

자기 자신에게 그리고 같이 일하는 팀원들에게 물어볼 수 있는 질문을 몇 가지 소개하겠다. 의사결정을 할 때 사회적 통념이 얼마나 영향을 미치는지 알 수 있도록 도와줄 것이다.

▶ 결정을 내릴 때 이용하는 정보를 일일이 확인하라. 어떤 정보가 사실에 근거를 두고 있고, 어떤 것이 널리 용인되는 생각인가?

▶ 이런 생각은 누군가의 경험에 근거를 두고 있는가? 아니면 현재 모든 사람들이 사실이라고 여기는 것일 뿐인가?

▶ 이런 생각 중 한 가지라도 틀리거나 다른 것으로 밝혀진다면 결정에 어떤 영향을 미치는가?

▶ 당신이 선택한 해결책은 정말 최선인가? 가장 쉽거나 빠르거나 저렴한 방법 또는 디폴트 옵션은 아닌가?

위험!
권위에 대항해야 할 일이 생기면 그 사람의 권위가 아니라 문제가 되는 사안에 대해서만 이의를 제기해야 한다는 사실을 명심하라.

"새로운 아이디어가 있는 사람은 괴짜다. 그 아이디어가 성공하기 전까지는 말이다."

─마크 트웨인(Mark Twain)

필자의 추천 방법 펜을 들고 글씨를 주로 쓰지 않는 손으로 이름을 한번 써 보라. 대부분의 사람들의 경우 왼손이 될 것이다. 글씨를 쓸 때 어떤 느낌이 드는가? 더 많이 사용하는 손으로 수년간 글씨를 써 왔을 것이고 지금도 그 손으로 쓰라고 하면 이름을 편하게 쓸 것이다. 다른 손으로 글씨를 쓰는 것은 도전적이고 어색할 수밖에 없으며, 너무 느리게 느껴지거나 아주 이상한 기분이 들지도 모른다.

자주 사용하지 않는 손으로 글씨를 쓸 때 드는 느낌은 안전지대에서 벗어나 새로운 사고방식을 탐구하도록 뇌에 도전장을 내밀 때 드는 느낌과 비슷하다. 물론 연습할수록 더 쉬워지긴 한다. 친숙하고 편안한 일 처리 방식에서 벗어날 때 비로소 영감을 얻고 최고의 아이디어를 뽑아낼 수 있으며 최고의 실력을 드러낼 수 있다. 항상 편안하게 느껴지지는 않을지 몰라도 시간이 흐르면 보상이 노력을 훨씬 능가할 것이다.

1. 안락함과 습관은 틀에서 벗어난 사고를 하는 능력보다 결정에 훨씬 지대한 영향을 미친다.

2. 어느 정도의 불편함을 받아들여라. 불편함 없이는 의미 있는 일을 성취할 수 없다. 결정을 내리는 것은 어렵지만, 현 상태를 받아들이고 자신의 안전지대 안에 남아 있는 것은 어렵지 않다.

3. 오래된 사고방식 또는 행동하는 방식에 도전장을 내밀어 자신의 안전지대에서 벗어나라. 이는 성공으로 향하는 길이다.

4. 대안이 너무 많아 결정하기 어렵고 디폴트 옵션을 택하고 싶은 생각이 들 때는 대안의 개수를 줄이는 방법을 찾아라.

5. 현 상태에 지속적으로 의문을 던지는 습관을 들여라.

6. 어려운 결정을 내리는 것보다 쉽다는 이유로 현 상태를 선택하지는 않는지 확인하라.

7. "이 일을 어떻게 다른 방식으로 처리할 수 있을까?"라는 질문을 자기 자신과 팀원들에게 던져 더 창의적인 해결책을 생각해 내라.

8. 시간을 잡아먹는 업무를 관리하라. 시간을 관리하려고 노력하는 것보다 더 현실적이다.

9. 어떤 사실이든 곧이곧대로 받아들이지 말고 그 이면에 있는 추정된 내용에 이의를 제기하라. 문제의 역학 관계와 결론에 상당한 변화를 불러올 수 있다.

10. 통념에 이의를 제기하라. 이것이 불편하고 인기 없는 선택을 하도록 요구할 수도 있지만, 중대한 결정을 내릴 때는 인기도가 타당한 판단보다 중요하지 않다.

해결책의 돌파구는
창의성이다

"새로운 아이디어를 예상할 수 있으면
사람들은 새로운 아이디어를 내려고
노력할 것이다."
-에드워드 드보노

CHAPTER 7

위대한 창의성의 신화

"햇살 한 조각이 블라인드 틈새로 미끄러져 들어왔다. 하지만 태(Tae)를 불편한 잠에서 깨운 것은 서늘한 아침 햇살이 아니었다. 그녀는 머릿속에 마치 번개가 번쩍하는 것처럼 명확한 생각이 뇌 구석구석을 후려치는 바람에 깨어난 것이다. 태는 여전히 혼란스러워하며 똑바로 앉았다. 잠시 침묵이 흐르고 모든 것이 마음속에서 영향을 받지 않은 채 맞물려 돌아갔다. 그녀는 활짝 웃었다. 사실일까? 방금 암을 치료할 수 있는 방법을 알아낸 것이다. 과연 대학교 1학년생이 이런 위대한 발견을 했다는 사실을 믿을 사람이 있을까? 시간을 두고 지켜봐야 할 터였다."

위의 발췌문은 공상과학 소설의 첫머리로도 손색이 없을 것이다. 길이가 아주 짧은 소설이라면 말이다. 하지만 대학 신입생이 어느 날 일어나 우리 시대의 가장 복잡한 수수께끼 중 한 가지에 관한 해답을 찾아냈다고 믿을 사람이 있겠는가? 단 한 명도 없을 것이다. 그러나 창의적인 해결책이 쉽게 찾아올 것이라는 희망은 언제나 있게 마련이다. 우리는 어느 날 잠에서 깨어났을 때 세상을 주름잡을 아이디어의 청사진을 손에 쥐거나 이 시대의 가장 긴급한 문제를 해결할 방법을 찾으리라는 희망 속에 살아간다. 창의적인 영감이 저절로 떠오르기를 한평생 기다리는 사람도 있다.

 똑똑한 토막 정보

가장 예상치 못할 때 훌륭한 아이디어가 불쑥 찾아온다고 생각하고 싶을 수도 있다. 하지만 **훌륭한 아이디어나 창의적인 해결책은 오랜 시간에 걸쳐 형성되는 것이다.**

창의성은 맹렬히 타오르는 모닥불과 같다. 모닥불은 피우기가 복잡하다. 통나무를 몇 개 던져 놓고 불을 피우라고 지시할 수는 없다. 마른 통나무가 특정한 방식으로 놓여 있어야만 통풍이 된다. 불을 점화하고 완벽하게 놓인 통나무 더미에 불을 피우려면 불꽃이 필요하다. 나는 모닥불이 활활 타오르도록 계속 부채질을 해 가며 마시멜로가 구워질 때까지 꺼지지 않게 통나무를 더 집어넣는다.

이 장에서는 아이디어를 뽑아내기에 적합한 환경을 조성함으로써 창의적인 모닥불을 피울 수 있는 비법을 제시할 예정이다. 아울러 일하는 데 필수적인 창의적인 불꽃을 혼자서 또는 팀 단위로 찾아낼 수 있는 여러 가지 방법도 살펴보려고 한다.

 6장에서 이미 문제 해결과 의사결정에서 창의적인 생각에 불

을 붙이는 불꽃 몇 가지에 대해 살펴봤다. 무엇이었는지 기억하는가?

기억이 나지 않는다면 다시 한 번 상기시켜 주겠다. (a) 안전한 사고방식에 빠졌다는 사실을 깨닫는 것, (b) 현 상태에 의문을 제기하는 것, (c) 사회적 통념에 의문을 갖는 것.

창의성이 더 나은 해결책을 낳을 때

창의적이지 않은 해결책은 바닥에 널브러져 있는 통나무 더미나 마찬가지다. 주목하지 않고 지나칠 수 있을 만큼 눈에 띄지 않는 것이다. 구글에서 '창의적이지 않은 해결책'을 검색해 보니 " '창의적인 해결책'을 찾으십니까?"라는 메시지와 함께 회계 소프트웨어 링크가 떴다. 창의적이지 않은 해결책이 창의적인 해결책보다 훨씬 흔한데도 그만큼 뉴스거리가 되지는 않는 모양이다. 창의적이지 않은 해결책은 세상을 돌아가게 하지만, 창의적인 해결책은 세상을 더 나은 곳으로 변화시키거나 적어도 더 흥미롭게 만든다. 활활 타오르는 불을 눈치채지 못하고 그냥 지나갈 사람이 있겠는가? 나라면 그럴 수 없을 것이다.

전통적인 해결책이 더 이상 쓸모가 없다는 것을 어떻게 알 수 있을까? 창의적인 모닥불에 불을 붙여야 할 시점임을 알 수 있도록 돕는 징후를 몇 가지 나열해 보겠다.

▶ 똑같은 문제가 반복적으로 나타날 때

▶ 이전에 사용하던 해결책이 더 이상 효과가 없을 때

▶ 이전에 사용하던 해결책이 오히려 사태를 악화시킬 때

▶ 이전에 사용하던 해결책이 다른 곳에서 문제를 야기할 때

▶ 해결책이 없다는 사실을 받아들이게 될 때

▶ 시간이 흐름에 따라 질이 더 떨어지는 결과에 만족하거나 기준이 낮아질 때

▶ 현재의 해결책이 자원을 점점 더 많이 쓸 때

▶ 당신이 제안한 해결책에 대해 모든 이해 당사자의 동의를 구하기 어려울 때

▶ 평균적인 결과가 더 이상 만족스럽지 않을 때

▶ 매번 똑같은 일을 하기가 지겨울 때

창의적인 생각을 키울 수 있는 환경을 조성하라

불은 공기가 있어야 타오를 수 있는데 그렇다고 해서 공기만으로 충분한 것은 아니다. 기체, 나무, 옛날 전화번호부, 성적표, 오래된 연애편지 같은 것들도 있어야 한다. 땔감으로 쓸 수만 있다면 얼마든지 원하는 것을 골라도 좋다. 불과 마찬가지로 창의적인 아이디어 또한 불쑥 나타나지 않으며 땔감이 필요하다. 그렇다면 창의성이라는 불의 연료가 될 수 있는 것은 무엇일까?

창의적인 나뭇가지만으로 불을 지피기에 충분할 때도 있지만 커다란 통나무가 필요할 때도 있다. 통나무와 나뭇가지가 자라는 데 시간이 걸리듯 창의적인 생각도 성장하는 데 시간이 필요하다. 창의성의 씨앗을 보살피는 데 도움이 될 만한 비법을 소개하겠다.

창의적인 생각을 위해 연료를 충분히 마련하라

관심을 쏟는 문제에 대해 잘 알아야만 한다. 태(Tae)가 실제로 암 치료법을 발견할 수도 있겠지만, 그 문제의 전문가라고 불릴 수 있을 만큼 철저하게 연구하고 난 후에야 가능한 일일 것이다.

문제가 과거에 어떻게 해결되었는지 알아 두라

이런 말을 듣기 좋아하는 사람은 없지만 우리에게 닥친 문제가 유일무이한 경우는 거의 없다. 오늘날 우리는 놀랄 만큼 많은 양의 정보에 접근할 수 있으며, 과거에 어떤 정보가 쓸모있었고 어떤 것이 쓸모없었는지 알아낼 수 있다. 이 작업은 시간과 자원을 절약해 주며 우리가 실망하지 않도록 돕는다.

최신 정보를 숙지하라

이 분야에서 최근에 가장 촉망받는 관행은 무엇인가? 당신은 모르는데 다른 사람들이 아는 것은 무엇인가? 다시 한 번 말하자면, 우리는 우리 자신의 경험뿐 아니라 다른 사람들의 경험을 통해서도 배울 수 있다.

다른 사람의 뒤뜰을 살펴보라

다른 산업이나 집단에서도 이와 유사한 문제가 있었는가? 그들은 문제를 어떻게 해결하고 문제에 어떻게 접근했는가?

쿨쿨 자야 창의적인 아이디어가 떠오른다

도토리만 한 크기의 창의적인 해결책이 필요하든, 야심에 차서 참나무만 한 크기의 해결책을 원하든 간에 아이디어는 머릿속에서 싹트는 시간이 필요하다. 일하면서 정신적인 휴식을 짧게 자주 취하고 잠을 푹 자는 것은 정신적인 능력과 아이디어 생성 능력을 최고로 끌어올리는 데 필수적이다.

위험!

여러 가지 옵션을 살펴봤는데도 여전히 해결책이 분명하지 않다고 느낄 때 문제를 붙잡고 늘어지는 것은 스트레스와 좌절감만 안겨 준다. 이런 환경에서는 아이디어가 잘 떠오르지 않는다.

"사람이 아이디어에서 떨어져 있는 일종의 잠복기는 창의성을 키우는 데 결
정적인 역할을 한다. 잠복기에 수면을 취하는 것은 뇌가 문제를 처리하는 데
도움이 될 수 있다."

−미국 노스웨스턴대학 심리학자 마크 정 비먼(Mark Jung-Beeman)

 틀린 생각 바로잡기

해결하기 어려운 문제가 생기면 차마 잠을 오래 자지 못하겠다. 가능한 한 오랫동
안 깨어 있으면서 문제를 연구해야 한다.

⤷ 사람들이 일반적으로 생각하는 것과 달리, 숙면을 더 많이 취하면 문제 해결 능
력을 향상시켜서 더 나은 해결책이 쉽게 떠오른다.

당신이 구글, 시스코시스템스, 프록터앤드갬블과 같은 기업체에서 일할 만
큼 운이 좋다면 집에 돌아가 창의적인 아이디어가 떠오르길 바라며 잠을 청할
때까지 기다리지 않아도 된다. 방금 언급한 기업들은 '에너지포드(EnergyPod)'
라고 불리는 달걀형 안락의자가 있는 몇 안 되는 곳이다. 의자에 소음과 조명

 똑똑한 토막 정보

하버드대학에서 실시한 연구에 따르면, 특정한 문제로 고민하다가 잠을 청할 경우
우리가 전혀 인식하지 못하더라도 이전보다 더 창의적인 해결책을 떠올릴 확률이
33퍼센트나 증가한다.*

_____

* 레슬리 벌린(Leslie Berlin), '이 공간을 채우긴 하겠지만 일단 낮잠부터 잡시다', 〈뉴욕 타임스〉(2008
년 9월 28일)

을 차단하는 뚜껑이 달려 있어 직원들은 직장에서 편안하게 낮잠을 잘 수 있다. 이 기업들이 창의적인 혁신에 앞장서는 것은 결코 우연이 아니다. 어디에 등록해야 나도 직장에서 잘 수 있을까?

뇌파

물이 흐르는 소리가 들리고(스피커를 통해 어떤 소리가 방송되든지 간에) 어둡고 안락한 캡슐 모양의 침대에 누워 있더라도 나는 낮에는 잠들기 어려울 것 같다. 아무리 피곤하더라도 아침 8시부터 저녁 6시까지는 너무 많은 일이 일어나기 때문에 모든 것을 차단하고 잠을 청하기는 어렵다.

필자의 추천 방법 　마지막으로 훌륭한 아이디어가 떠올랐거나 독창적인 방법으로 문제를 해결했을 때 무엇을 하고 있었는지 적어 보라.

인간의 뇌는 여러 개의 뇌파 주파수를 이용하여 활동한다. 뇌파는 저마다 다른 종류의 활동을 관장한다.

베타파는 주파수가 가장 빠르고 뇌의 좌측 부분에서 주로 발생하는 것으로 알려져 있다. 베타파가 논리적이고 비판적인 사고를 관장한다는 사실은 전혀 놀랍지 않다. 나이가 들수록 인간은 하루하루 도전에 대처할 수 있도록 더 많은 베타파를 생성하게 된다. 베타파는 논술 시험을 보거나 연설을 하거나 상사와 대화를 나누는 등 우리를 긴장하게 하거나 초조하게 만드는 활동에 적합하다. 그러나 베타파가 너무 많으면 스트레스를 받는다. 베타파는 활동과 생산물에 중점을 둔다. '유레카!'라고 외칠 만한 순간을 제공하지는 않는다. 당신이 훌륭한 생각을 마지막으로 떠올린 경험은 열 시간 동안 컴퓨터 앞에 앉아 문제와 씨름하거나 배우자와 말싸움을 하거나 상사가 무엇인가를 캐물을 때 일어나지 않았을 것이다. 더 느린 뇌파일 때, 즉 일요일에 쉬거나 산책을 하거나 잠들기 직전에 일어났을 가능성이 크다.

알파파는 심신의 긴장이 풀렸을 때 발생한다. 논리적인 좌뇌와 창의적인 우뇌 모두 알파파를 생산할 수 있다. 생각은 명확하고 차분하다. 우리는 이때 새로운 정신적인 관련성을 규명하고 창의적인 해결책을 찾아낼 수 있다.

알파파는 우리가 배움을 얻는 데 최고의 효과를 발휘하는 뇌파이기도 하다. 와인 한 잔을 마시면 알파파가 분명히 발생한다. 명상에 잠기거나 몽롱한 상태에 있을 때도 발생한다. 하지만 대부분의 사람들이 직장에서 샤르도네 문제를 해결할 때까지 일을 더 열심히, 더 오랫동안, 끊임없이 한다면 그 누구보다 나은 창의적인 해결책을 찾아낼 수 있을 것이다.

◀◀ 더 많은 해결책을 생각해 낼 수 있을지는 몰라도 더 나은 해결책을 찾지는 못할 것이다. 스트레스를 많이 받거나 정신적으로 피곤하면 훌륭한 아이디어를 생각해 내기가 어려울 수밖에 없다.

와인을 홀짝이거나 명상을 하거나 잠잘 수는 없다. 그렇다면 어떻게 해야 알파파를 생성하여 창의적인 해결책을 찾아낼 수 있을까? 몇 가지 방법을 제안해 보려고 한다.

▶ 눈을 감고 몇 초 동안 심호흡을 한다.
▶ 사무실의 소란함에서 벗어나 계단에서 커피 한잔을 즐긴다.
▶ 마지막으로 휴가 갔을 때 찍은 사진을 책상 위에 놔두고 이따금 백일몽에 빠져 본다. 다른 사람들은 알 필요가 없다.
▶ 몇 분 동안 아이팟을 켜고 마음을 느긋하게 해 주는 음악을 듣는다.

 똑똑한 토막 정보
창의적인 환경에서 마음이 편안할 때 최고의 아이디어가 떠오른다.

여러 가지 해결책이 있어야 문제를 창의적으로 해결할 수 있다
캠핑을 죽기 살기로 좋아하는 사람들에게 물어보면 모닥불을 피우는 데는 여러 가지 방법이 있다고 대답할 것이다. 눅눅한 잔가지나 물에 젖은 성냥 또

문제를 해결하는 일은 시간과 노력을 요하기 때문에 우리는 단 하나의 해결책을 찾는 데 집중하는 경향이 있다.

는 쇠똥만으로 불을 피워야 하는 경우도 있다. 몽골 외곽에서 나는 남편과 쇠똥만으로 모닥불을 피운 적이 있다. 연기가 많이 나서 그렇지 그 모닥불로 저녁거리도 데우고 밤새 텐트도 아주 따뜻하게 유지할 수 있었다. 상당히 친환경적이었다는 생각이 든다.

위험!

하나의 해결책을 찾거나 최선의 해결책만 강구하는 것은 두 가지의 위험한 길로 이어질 수 있다.

길 1 : 선택한 유일한 해결책이 계획과 달리 효과가 없다는 것이 드러나고 차선책도 없는 상황에 놓이고 만다.

길 2 : 어떤 옵션을 추구하는 것이 가장 좋은지 너무 일찍 결정한 나머지 잠재적으로 가치 있는 다른 대안을 조사하는 데 시간을 투자하지 않을 수도 있다.

문제를 창의적으로 해결하려고 노력할 때는 실행 가능한 해결책을 여러 개 마련하겠다는 목표를 세워라. 그러면 '만일 다른 대안을 골랐다면 어떻게 됐을까?' 와 같은 고민을 할 필요가 없고 항상 차선책이 준비되어 있을 것이다.

돌파구 마련을 위한 브레인스토밍 방식 향상시키기

혼자서든 다른 동료들과 함께든 평소에 브레인스토밍을 어떻게 하는지 한 번 떠올려 보라.

전통적인 브레인스토밍의 창시자 알렉스 오스본(Alex Osborn)에 의하면 브레인스토밍에는 기본적으로 네 가지 단계가 있다.

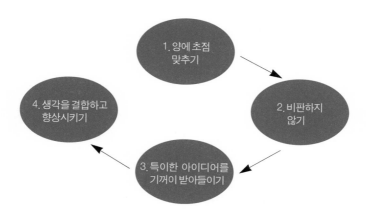

이 전통적인 브레인스토밍 모델을 이용할 경우 특정한 문제가 제시되고 모든 사람들이 그 문제를 고칠 수 있는 방법을 제안하는 방식으로 토론이 진행된다. 판단하거나 지적할 권한이 주어지는 사람은 아무도 없으며, 아이디어가 결합되고 하나로 묶인다. 그다음에 어떤 일이 벌어지는지는 집단의 선택에 달려 있다. 다수결의 원칙을 내세워 최선의 해결책을 고르는 팀도 있고, 장단점을 함께 살펴본 뒤 경영진이 최종 결정을 내리도록 하는 팀도 있으며, 모두의 의견이 일치할 때까지 논의를 거듭하는 팀도 있다. 늘 인기가 많은 무기명 투표가 있다는 사실도 잊지 말라.

전통적인 브레인스토밍 모델의 문제점
전통적인 브레인스토밍의 부족한 점 몇 가지를 짚어 보자.

▶ 모든 사람들이 문제를 명확하게 이해했는지 알기 어렵다.

- ▶ 아이디어의 질보다는 양에 중점을 둔다. 이는 정신적 에너지의 낭비다.
- ▶ 목소리가 더 큰 팀원 때문에 상대적으로 조용한 팀원에게 발언권이 충분히 주어지지 않을 수도 있다.
- ▶ 팀 내 인원이 많을 경우 발언권이 돌아올 때까지 기다려야 한다. 그러다 보면 아이디어를 잊어버릴 때도 있다.
- ▶ 아주 강한 의견은 약해진다.
- ▶ 비판을 할 수 없는 환경인데다 최고의 생각들을 결합하려는 의도 때문에 절충안이 탄생하는 경향이 있다.
- ▶ 아무도 놀라운 해결책을 찾아내야 할 책임을 느끼지 않기 때문에 무임승차하는 사람이 생긴다.
- ▶ 브레인스토밍을 하는 데 개인적으로 노력을 하더라도 보상이 돌아오는 경우는 거의 없다. 설령 보상이 있더라도 집단 전체에게 돌아간다.

위험!

전통적인 형태의 브레인스토밍은 다양한 아이디어를 절충안으로 수렴한다. 돌파구를 마련하리라는 보장이 항상 있는 것은 아니다. 많은 연구 결과가 이 이론을 뒷받침하며, 브레인스토밍이 실제로 아이디어의 질을 효과적으로 향상시킨다는 근거는 어디에도 없다.

브레인스토밍에 대해서 어떻게 생각하는가? 브레인스토밍을 하는 과정에서 어떤 문제에 봉착했는가?

돌파구 마련을 위한 똑똑한 브레인스토밍

앞에서 피로와 스트레스가 우리의 창의적인 불꽃에 영향을 미친다는 사실을 다뤘다. 브레인스토밍을 통해, 그리고 자기 자신에게서 최고의 아이디어

똑똑한 토막 정보

브레인스토밍은 여전히 인기가 높다. 집단의 규모에 상관없이 간단하게 적용할 수 있기 때문이다. 팀원들 간의 유대감 조성 및 직원들의 동기 부여에 탁월한 효과를 발휘한다는 장점도 있다. 반면 누군가가 즉석에서 창의적인 해법을 생각해 내기를 원한다면 그 요구에 부합하기는 어려울 것이다. 그것이 바로 브레인스토밍 과정에서 흔히 요구되는 과제다. 참가자들이 의욕이 넘치는 대신 겁이 나고 불안해질 가능성이 있다.

를 뽑아내고 싶다면 우선적으로 사람들이 창의적인 마음가짐으로 참가하도록 해야 한다. 전통적인 브레인스토밍을 향상시켜 돌파구를 마련할 수 있는 대책을 세울 수 있도록 도와줄 비법을 몇 가지 제안하려고 한다.

1단계 – 태풍에 대비하라

우리는 대체로 브레인스토밍을 하기 한참 전에 초대를 받고 어떤 문제를 논할 것인지 미리 알 수 있다. 브레인스토밍은 말 그대로 아이디어를 뽑아내는 작업이므로 사전에 따로 준비할 것이 없다. 하지만 만일 준비를 한다면 어떤 상황이 연출될지 상상해 본 적이 있는가?

모든 참가자들에게 자신이 생각하는 최선의 해결책을 미리 생각하거나 조사해 오게 한다면 제시되는 아이디어의 질이 눈에 띄게 향상될 것이다. 이 말은 좋은 아이디어를 내놓지 않고서는 아무도 공짜로 피자를 먹을 수 없다는 뜻이기도 하다. 모든 참가자들이 생각의 자유로운 교류가 일어나기 전에 아이디어를 제출해야 하므로 아이디어나 참가자가 잊히지 않아서 좋다.

2단계 - 먼저 준비운동을 하라

창의적인 해법을 찾고 있다면 몇 가지 활동을 통해 팀원들이 창의적인 사고의 틀을 마련하도록 격려할 수 있다.

▶ **즉석에서 아이디어 제안하기** : 특이하거나 흥미로운 물건 혹은 사진을 놔 둬라. 한 명씩 원하는 것을 선택하게 하고, 그 물건이나 사진의 창의적인 용도에 대해 생각해 보게 하라.

▶ **전반적인 상황 살피기** : 팀원 중에 세부 사항에 집착하느라 전반적인 상황을 살피거나 큰 그림과 관련된 생각을 연상하는 데 어려움을 겪는 사람이 있을 수 있다. 그럴 때는 이런 활동을 한번 고려해 보라. 첫 번째 준비 운동에서 사용했던 물건이나 생각에 장작을 던져 넣는 것이다. "그 일의 장점은 무엇인가?"라는 질문을 계속해서 던지면 되는데, 단순하게 추측한 내용을 바탕으로 답해도 상관없다. 이를테면 이런 식이다. 칫솔은 이를 닦는 도구다. 양치질은 충치를 예방한다. 이가 썩지 않게 한다는 뜻이다. 이가 썩지 않으면 치과 치료 비용이 덜 든다. 그러면 의료 지원 회사의 수익이 늘어난다. 이는 그런 회사의 직원들이 보너스를 더 많이 받을 수 있다는 말이다. 그러면 자녀들에게 더 나은 생일 선물을 사 줄 수 있을 것이고, 아이들은 응석받이로 자랄 것이다! 이런 식으로 계속 말을 이어 가면 된다. 이 활동은 창의성을 일깨우기 위한 재미있는 준비운동에 불과하다는 점을 잊지 말라. 편안한 마음으로 아무런 체계 없이 진행되게 하라.

▶ **방해되는 생각 하기** : 기업이나 집단이 이미 제공하는 상품, 서비스, 관행을 적은 목록을 준비하라. 예산이 넉넉하다면 어떤 면을 개선할 것인지

참가자들에게 물어보라. 아니면 특정한 회사, 도시, 나라, 사회 등에서 통용되는 사회적 통념 한 가지를 찾아보게 하고, 거기에 어떻게 도전장을 내밀 것인지 묻는 것도 좋은 방법이다.

📌 필자의 추천 방법 생각을 방해하는 여러 가지 장애물을 극복하고 창의성을 키우는 데 적합한 환경을 조성하기 위해 문제의 본질과 집단의 역학 관계에 따라 다양한 활동을 시도해 보는 것이 좋다.

3단계 – 태풍을 생각해 내라

이제 본격적으로 브레인스토밍을 할 준비를 마쳤다. 팀원들한테서 가능한 한 여러 가지 생각과 창의성을 뽑아내도록 도울 수 있는 비법을 몇 가지 소개하겠다.

- **최소한의 인원** : 가능한 한 팀 내 인원을 최소한으로 유지하라. 그래야 모든 참석자가 생각과 의견을 내놓을 수 있다.
- **모두가 같은 방향을 향하고 있는지 확인하기** : 아무것도 추정하지 말라. 무엇이 문제를 야기했는지 또는 무엇이 브레인스토밍의 필요성을 제기했는지 생각을 물어보라. 이 과정이 상황을 정리해 줄 것이고, 자신이 무슨 일을 해야 하는지 모두 정확히 알고 있다는 사실을 확인시켜 줄 것이다. 여러 가지 제안을 종이에 적고 그중 몇 가지나 받게 되는지 살펴보라. 다루기 힘든 아이디어와 잘못된 생각을 명확히 하고 바로잡아라. 새롭거나 합리적인 아이디어에 주목하는 것도 잊지 말라.
- **도발하기** : 수평적인 사고에 기여할 수 있는, 연관성이 느슨한 것을 찾아

라. 새롭게 유행하는 신발의 이름을 짓는 것은 어떤가? 유행하는 것의 이
름을 살펴보거나 표적 시장 안으로 들어올 지역을 조사해 보는 것도 괜
찮을 것 같다. 에너지 드링크는 어떤가? 액션 영화에 나타나는 대중적인
추세를 살펴보는 것은 어떤가? 나의 아버지는 당신이 제공하는 서비스
의 질과 다양성을 위해 끊임없이 노력하는 장의사다. 아버지는 의사회나
복지 센터 직원들과 함께 오토바이 클럽이나 극한 스포츠 동호회를 찾아
가, 서비스를 개선하고 고객의 요구에 부합할 수 있는 최고의 방법에 관
한 정보를 얻는다.

▶ 사회적 통념과 안전한 생각에 이의 제기하기 : 135쪽으로 돌아가 안전한 생
각에 도전장을 던지는 질문을 참고하라.

▶ 카드 게임 하기 : 참가자들에게 아이디어와 해법을 제시하도록 요구하되
말로 하는 대신 익명으로 카드에 적어 달라고 부탁하라. 회수한 카드를
비슷한 주제끼리 분류하라.

똑똑한 토막 정보

도발적인 질문이 돌파구로 이어지는 예가 많다. 구글은 상품이나 서비스를 위해 돈
을 지불해야 하는 필요성에 의문을 던졌고, 위키피디아는 백과사전을 집필하기 위
해 전문적인 연구원이나 작가를 고용해야 할 필요성에 도전장을 내밀었다. 크록스
는 왜 밝은 색의 플라스틱으로 발을 감쌀 수 없는지 물었고, 트위터는 지인들과 연
락하기 위해 긴 이메일을 써야 하는 필요성, 그리고 전통적인 홍보 방식으로 상품
을 광고해야 하는 필요성에 의문을 제기했다.

브레인스토밍이 문제의 해결책으로 이어질 아이디어를 창출하는 과정이
라는 사실을 기억해 두라. 최종 해결책을 찾아내려는 것이 아니다. 그런 목표

에 적합한 활동은 보다 체계적이고 분석적인 과정을 거쳐야 한다. 과자나 먹으며 의견을 가볍게 주고받는 것보다 훨씬 재미없게 들릴지도 모르겠지만 꼭 따분할 필요는 없다.

디즈니의 문제 해결 과정

월트 디즈니는 놀라운 상상력과 그림을 그리는 재능을 타고났다. 그렇다고 해서 곧바로 성공 가도를 달리게 되었던 것은 아니다. 디즈니는 마법의 왕국을 건설하고 자신의 유산을 보존하기 위해 수년간 위험을 무릅썼으며, 파산한 경험도 있고, 어마어마한 노력을 투자하기도 했다. 미키 마우스를 창조한 인물로 사람들의 기억 속에 남아 있지만, 디즈니는 사업가이기도 했으며 나중에는 연간 1억 달러의 이익을 창출하는 거대 기업을 운영했다. 그가 자신의 의사결정 전략에 상상력을 더하고 탄탄한 계획을 세워 훌륭한 결정을 내렸다는 사실은 전혀 놀라운 일이 아니다. 이쯤에서 디즈니의 의사결정 전략 중 한 가지를 소개해 보려고 한다. 이 전략은 브레인스토밍을 통해 얻은 아이디어를 행동 전략으로 바꿀 수 있도록 도와줄 것이다.

디즈니가 애용하는 과정은 뚜렷이 구별되는 세 가지 단계로 이루어진다. 가능하다면 (월트 디즈니가 바랐을 것처럼) 각각의 단계를 다른 공간이나 방에서 실행에 옮겨라. 한 단계에서 다음 단계로 옮겨 갈 때 어느 정도 시간을 두어야 한다는 것도 잊지 말라.

1단계 – 몽상가

첫 번째는 앞서 언급한 것처럼 브레인스토밍을 하는 단계다. 참가자들에게 준비를 해 오라고 부탁함으로써 브레인스토밍을 하기 전에 창의적인 씨앗을 심어야 한다는 것을 잊지 말라. 단계마다 소요 시간을 설정해 두고 시간을 엄수하도록 노력하라. 참가자들의 시간도 존중해야 한다. 브레인스토밍을 하는 동안 시간을 질질 끌지 말고 끝내기로 한 시간을 넘기지 않으면 된다. 잘 모르는 척하면서 "이럴 경우 어떻게 됩니까?" 또는 "왜 안 됩니까?" 등의 바보 같은 질문을 던져라.

2단계 – 현실주의자

이 단계는 바로 계획을 세우는 단계다. 팀원들은 잘 훈련된 상태여야 하며, 결과물에 초점을 맞춰야 한다. 1단계에서 선정된 모든 선택안에 대해 각각 어떻게 성공적인 결과를 도출할 수 있을지, 어떤 자원이 있어야 할지, 시간은 얼마나 걸릴지 계획을 세워라. 이 과정을 통해 어떤 아이디어가 실행 가능하고 큰 그림이나 활용 가능한 자원에 적합한지 개관할 수 있을 것이다. 잠재적인 결과가 정확히 무엇인지 분명하게 알기도 쉽다.

3단계 – 비평가

시간이 흐름에 따라 디즈니는 자신의 가장 창의적인 아이디어마저도 현실 세계에 적용되어야 한다는 것을 깨달았다. 그래서 그는 자기 일의 열렬한 비평가가 되는 법을 배웠다. 아이디어를 뽑아내고 팀별로 계획을 짜는 것은 이 단계에서는 아무런 결과도 얻지 못한다. 다른 사람의 생각을 공개적으로 비판하기 좋아하는 사람은 없기 때문이다. 특히 친한 친구가 낸 최고의 아이디어라면 말할 것도 없다. 이 단계의 매력은 모든 참가자가 건설적인 비판을 해야 하고 그 이외의 다른 것은 언급하지 말아야 한다는 점이다. 이는 팀의 역학 관계를 변화시키며 개인에게 압박을 가한다. 만일 당신이 이끄는 팀이 의견을 내거나 잠재적인 위험을 강조하기를 꺼린다면 다음과 같은 질문으로 토론을 이끌어 가는 편이 더 쉬울 것이다.

▶ 이 계획의 어떤 부분이 언제, 어디서, 어떻게, 왜 실패할 가능성이 있는가?
▶ 이 계획은 사업의 다른 영역에(개인적인 프로젝트일 경우에는 인생에) 어떤 영향을 미칠 것인가?
▶ 우리의 경쟁자들은 무엇을 하고 있는가?
▶ 이와 비슷한 것이 시도된 적이 있는가?
▶ 우리가 갖고 있는 정보는 얼마나 정확한가?
▶ 추정한 내용 중 어떤 것을 계획과 계산에 활용하고 있는가?

시나리오 테스트 역시 3단계에서 이루어져야 한다. 아이디어가 채택되는 것은 잠재성이 있기 때문이라는 사실은 누구나 알고 있다. 새로운 아이디어가 아직 취약할 경우 아이디어의 단점이 불편하고 매우 주관적이며 분석하기 우울하다는 이유로 무시당하기 일쑤다.

불경기나 경기 순환이 변하는 동안 많은 프로젝트가 실패하는 것은 "일어날 수 있는 최악의 상황이 무엇인가?"라는 질문을 탐구하지 않기 때문이다. 일이 순조롭게 진행될 때는 최악의 시나리오가 펼쳐질 가능성이 매우 작은 것 같지만 전혀 예상치 못한 시점에 일이 틀어질 수도 있다. 성공하거나 실패하는 경우의 시나리오를 둘 다 준비하면 두 눈을 번쩍 뜬 채로 새로운 모험을 감행할 수 있다. 일어날 수 있는 최상의 시나리오와 최악의 시나리오를 둘 다 준비해서 손해 볼 것은 없지 않은가.

이제 당신의 창의성에 불을 붙이는 방법에 관한 아이디어가 많아졌을 것이다. 가장 중요한 점 중 한 가지는 창의성이 타고난 특별한 유전자에 의해 결정되는 것이 아니라는 점이다. 창의성은 의식적인 노력과 신중한 연습을 통해 습득하는 기술이다. 이 장에서 다루는 단계를 하나씩 밟아 나감으로써 당신의 창의적인 모습을 발견할 수 있을 것이다.

이 장이 상당히 길었다는 것을 나도 알고 있다. 의사결정에서 창의성이 수행하는 역할이 워낙 중요하다 보니 철저하게 검토하고 넘어갈 필요가 있다고 판단했다. 아무리 창의성이 뛰어나더라도 우리가 여기서 다룬 내용을 모두 기억하고 실천에 옮길 수 있는 사람은 없을 것이다. 그러니 장을 마무리하는 의미로 핵심 내용을 한번 빨리 훑어보는 것이 어떨까? 마지막에 실은 특별 비법만 살펴보고 실제로 이용할 만한 아이디어를 뽑아 보는 것은 어떨까? 그러고 나서 다음의 생각하는 공간에 내용을 적어 두기 바란다. 이런 작업을 해 두면 다음번에 창의적인 모닥불을 급히 피워야 할 때 손쉽게 편람처럼 활용할 수 있어서 좋다.

〈생각하는 공간〉

1. 전통적인 해결책이 더 이상 효과가 없고 창의적인 해결책이 필요한 시점을 알 아차려라.

2. 아이디어에 대해 질문을 던지고 조사할 수 있는 창의적인 환경을 조성하라.

3. 휴식을 자주 취하고, 문제를 해결하는 동안에도 자주 쉬어라.

4. 알파파를 생성할 수 있는 기술을 이용해 보라. 뇌에서 알파파가 발생할 때 가 장 창의적인 아이디어가 떠오른다.

5. 한 가지 문제에 대해서도 여러 가지 해결책을 강구하라.

6. 전통적인 브레인스토밍에서 벗어나라.

7. 브레인스토밍을 할 때 양질의 아이디어를 내도록 팀원들을 격려하라.

8. 브레인스토밍을 하기 전에 모두가 준비를 해 오게 하라.

9. 자유로운 생각의 교류가 시작되기 전에 모두에게 자신의 생각을 나눌 수 있는 기회를 부여하라.

10. 디즈니가 애용하는 문제 해결 과정을 이용하여 아이디어를 해결책으로 탈바 꿈시켜라.

문제 해결을 위한
시각적 도구

"오늘의 문제는
어제의 해결책에서
비롯된다."
－피터 센게

CHAPTER 8

전통적인 문제 해결의 문제점

약간 색다른 활동으로 이 장을 시작해 보자. 아래의 그림을 보고 다음 질문에 답해 보라. 운전자가 무슨 이유로 수영장에 주차하게 되었을까?

대답이 무엇이든 그 대답에 대해 "왜?"라고 자문하라. 그리고 대답마다 계속해서 "왜?"라고 반복적으로 물어보라. 아래에 이 활동의 실제 예시를 실었다. 일렬로 늘어선 8~10명 정도의 문제 해결 자원자들은 선형적인 문제 해결법을 이용하여 문제를 해결해 달라는 요청을 받았다.

응답자 1 : 운전자는 술에 취해 있었다.

나 : 왜 그랬을까?

응답자 2 : 파티에 참석했기 때문이다.

나 : 왜 그랬을까?

응답자 3 : 그의 송별회였다.

나 : 왜 그랬을까?

응답자 4 : 사직했기 때문이다.

나 : 왜 그랬을까?

응답자 5 : 상사가 성질이 나쁜 사람이었다.

나 : 왜 그랬을까?

응답자 6 : 상사의 어머니가 어렸을 때 아들을 사랑하지 않았다.

나 : 왜 그랬을까?

응답자 7 : 다른 애를 셋이나 더 키우느라 너무 바빴기 때문이다.

이런 식으로 계속되는 것이다.

결론 : 운전자는 상사가 어린 시절에 사랑받지 못해서 차를 타고 수영장으로 돌진했다.

좀 이상한가? 대체 이 바보 같은 활동의 목적이 무엇인지 의아해할 것이라고 생각한다! 균형 잡힌 시각으로 보면 이 활동은 선형적인 문제 해결의 한계에 대해 매우 강력한 메시지를 전달한다. 누구나 처음에 좀 이해하기 힘든 문제에 직면한 경험이 있을 것이다. 그 문제를 어떻게 해결했는가? 대부분의 사람들은 복잡한 문제를 해결하는 최선의 방법은 그것을 잘게 쪼개고, '누가, 무엇을, 언제, 어디서, 어떻게, 왜?'와 같은 질문을 던져서 단순화하는 것이라고 배웠다. 또한 원인의 원인을 밝혀낼 때까지 문제를 놓고 끊임없이 일해야 한다고도 배웠다. 그리고 났을 때에야 비로소 상사한테서 수고했다는 얘기를 듣고, 그 문제를 해결했다고 분명히 말할 수 있을 것이다.

 틀린 생각 바로잡기

문제의 근원을 파헤치는 것은 원인의 원인을 찾아낸다는 의미다.

⟫ 이것은 전통적인 또는 선형적인 문제 해결 방법이 가장 양호한 상태일 때 기대할 수 있는 효과다. 단순한 문제를 다룰 때에는 쓸모가 있지만 까다롭거나 복잡한 시나리오에 적용하기에는 장점보다 단점이 더 많다.

어떤 문제 해결 방식이 익숙한가? 사람들이 흔히 이용하는 방식에는 원인과 결과 분석법, 수형도, 5whys 분석법, 플로차트, USP 분석법, 역장 분석법, SWOT, 시나리오 분석법과 같은 것들이 있다. 이 중에는 즉효약처럼 단기간에 효과를 보이는 것도 있고, 더 복잡한 문제에 적합하고 더 오랜 기간을 요하는 해법을 제시하는 것도 있다. 그러나 전통적인 문제 해결 방식으로는 충분하지 않은 경우도 발생한다.

똑똑한 토막 정보

전통적인 분석법을 복잡한 문제에 적용할 경우 사람들은 대개 문제를 분석하고 그 것을 애초에 야기한 것이 무엇인지 이해하려고 문제를 작은 부분으로 나눈다.

사실 '분석'이라는 단어는 '종합'과 반대되는 말이다. '분석'은 '복잡한 것을 단순한 요소나 구성 성분으로 잘게 나누거나 분해하다'라는 뜻이다. 문제 해결에서 말하는 분석이란 x가 y의 원인이 되는 선형적인 작업인 경우가 많다. x인 무엇인가가 y인 다른 무엇인가를 야기하는 것이다. 이것은 우리가 x와 y 간에 일방적이고 직접적인 관계를 찾는 데 노력을 기울이게 한다. 이런 접근법은 간단하고 선형적인 문제에 적용하기에는 적당하지만, 모든 문제가 이토록 간단하고 선형적이었다면 당신은 이 책을 8장까지 읽지 않았을 것이다!

이쯤에서 간단해 보이는 문제 하나를 예로 들어 보겠다. 1년에 한두 번 계절성 독감이 유행한다. 아주 복잡한 현상은 아니다. 많은 사람들이 독감에 걸려서 며칠간 일을 쉬다가 몸이 나아지면 일터로 돌아간다. 이럴 경우 문제 될 것이 없다. 하지만 현실에서는 너무 일찍 일터로 돌아가는 사람도 있고, 아예 병가를 내지 않고 동료들에게 독감을 옮기는 사람도 있다. 이럴 경우 결근하는 사람이 훨씬 늘어날 수밖에 없다. 당신이 제시하는 선형적인 해결책은 무엇인가? 아픈 직원이 의무적으로 또는 의사의 진단에 따라 며칠 병가를 내는 것인가? 이것은 여러 가지 해결책 중 하나에 불과하다. 다른 해결책으로는 무엇이 있을까?

이 문제가 생각했던 것처럼 간단하고 선형적인 문제가 아니라는 의심이 드는가? '의무적으로 병가 내기'라는 단순한 해결책을 적용하면 관련된 문제가

〈아이디어를 적는 공간〉

다른 영역에서 눈에 띄게 발생할 것이다. 그렇다면 사람들은 왜 건강이 충분히 회복되기 전에 일터로 돌아가거나 아예 병가를 내지 않는 것일까?

내가 생각할 수 있는 이유 몇 가지를 적어 보았다.

▶ 일을 쉬면 눈 밖에 날지도 모르고, 나중에 불리하게 작용할 수도 있다.

▶ 병가를 내거나 일을 쉬면 일이 쌓이기 때문에 나중에 따라잡기가 어렵다.

▶ 직장에서 중요한 문제가 발생할지도 모르는데, 그럴 경우 결근한 직원의 일을 대신 맡아 줄 사람이 없다.

▶ 어떤 사람들의 경우 작고 붐비는 아파트에서 쉬는 것이 회복에 도움이 되지 않는다. 홍콩처럼 물가가 비싼 나라에서 살면 특히 더 그렇다. 따라서 많은 사람들이 몸이 아프더라도 집에서 쉬는 대신 일하는 편을 택할 것이다.

▶ 근무한 시간에 따라 급여를 받는 사람들은 아파서 쉬느라 돈을 못 버는 것이 문제가 될 수 있다.

'의무적으로 병가 내기'라는 간단한 해결책이 이런 문제들을 전혀 해결하지 못할 것이라는 사실이 보이는가? 오히려 이 중 여러 개를 악화시키고, 처음의 문제를 더 키우며, 결근하는 직원의 숫자만 늘리게 될 것이다. 오늘날 우리가 접하는 대부분의 조직적·사회적·기술적인 문제들은 선형적인 문제 해결 방식으로는 해결할 수 없다.

21세기와 그 이후의 문제 해결

우리는 모든 것이 서로 연관된 세상에서 살아간다. 창밖을 내다보라. 모든 것이 그리고 모든 곳이 다른 무엇인가와 연관되어 있다. 이런 연관성은 서로 간의 관심이나 의존도에 기반을 둔 것일 수도 있다. 우리가 아는 이 세상은 태양계의 일부이며, 태양계는 은하계의 일부다. 우리의 몸, 회사, 정부, 나라, 버스, 기차, 사람들, 식물, 날씨, 심지어 밥 삼촌마저도 한 체계의 일부다. 우리가 직면하는 문제들도 마찬가지다.

> **똑똑한 토막 정보**
>
> 세상에 있는 모든 것은 다른 무엇인가와 연관되어 있는데, 까다로운 문제들도 마찬가지다.

이 장을 쓰면서 나는 인도에서 발생하여 영국의 해안을 강타한 NDM-1이라는 새로운 '슈퍼버그'에 관해 읽고 있다. 인간에게 알려진 모든 종류의 항생제가 효과가 없는 모양이고, NDM-1은 우리가 전염병을 퇴치하거나 통제할 수 있는 능력에 위협이 되고 있다. 초기의 뉴스 보도에 따르면 이 슈퍼버그가 우리 시대에 가장 치명적인 유행병이 될 우려도 있다고 하니 무섭지 않은가.

그렇다면 무엇이 이 전염병을 발병하게 했을까? 의학 전문가가 아니므로 전문적인 원인은 전문가의 손에 맡기겠지만, 지난 수십 년간 항생제를 광범위하게 사용한 것이 질병을 퇴치하려고 만든 항생제에 오히려 저항을 보이는 유행성 질병을 만들어 냈다. 항생제(선형적인 해결책)를 처방할 필요가 100퍼센트 있지 않았는데도 무분별하게 처방한 의사들은 하나같이 이런 결과에 기여한 셈이다. 물론 이미 엎질러진 물(이나 약)을 보고 후회해 봤자 소용없다. 이 문제가 어떻게 처리될지는 더 두고 봐야 알 수 있을 것이다. 원인으로 작용한 것, 그리고 전염병이 창궐하도록 만드는 것이 속해 있는 체계 전체가 바뀌어야 할 것이다. 그만큼 철저하고 체계적인 해결책이 필요하다. 당신이 살아가면서 겪는 문제는 이것만큼 규모가 크지 않기를 바란다.

선형적인 해법이 언제 득보다는 해를 끼칠 것인지 알 수 있는 방법에 대해 살펴보자. 7장에서는 전통적인 해결책보다 창의적인 해결책이 필요한 순간을 알아차리는 방법에 대해 논했다. 까다롭거나 복잡한 문제를 판별하는 기준 또한 이와 크게 다르지 않다.

▶ 정확히 무엇이 문제인지에 관해 사람들의 의견이 엇갈릴 때

▶ 문제를 정확히 어떻게 해결할 것인지에 관해 의견이 난무할 때

▶ 브레인스토밍이 해결책의 개수를 줄여 주기는커녕 여러 가지 해결책이 있을 수 있음을 드러낼 때(이는 혼란, 좌절, 심지어 갈등으로 이어질 수 있다)

▶ 이전에 사용하던 해결책이 의도하지 않은 방향으로 일을 전개시키고 뜻밖의 결과를 불러올 때

▶ 이전에 사용하던 해결책이 다른 영역에서 의도하지 않은 방향으로 일을 전개시키고 뜻밖의 결과를 불러올 때

▶ 문제가 반복적으로 발생하거나 해결책이 문제를 잠깐 동안만 해결할 때

▶ 이미 존재하는 문제 해결 모델을 적용하기에는 정보의 양이 너무 방대할 때

▶ 문제를 충분히 이해하기에는 정보가 부족할 때

▶ 의사결정자가 자신의 최종 결정에 확신이 서지 않을 때

▶ 의사결정자가 물뿌리개에 난 구멍을 이쑤시개로 겨우 막고 있다고 느낄 때

복잡하거나 까다로운 문제를 조사하고 해결할 수 있는 가장 좋은 방법 중 하나는 모든 것이 상호 연결되어 있다는 점을 존중하고 모형화하는 '시스템적 접근법'을 이용하는 것이다. 건강이나 대인관계 문제에서부터 정부 정책이나 기술 혹은 IT와 관계된 문제에 이르기까지 모든 것을 모형화해야 한다.*

* 피터 센게, 《제5경영(The Fifth Discipline: The Art & Practice of the Learning Organization)》 (1994년)

내가 시스템적 접근법에 대해 처음 알게 된 것은 대학에서 복잡한 대규모 데이터베이스와 정보 관리 시스템을 만드는 방법을 공부할 때였다. 당시에도 깔끔한 접근법이라는 생각이 들었지만, 코칭 및 조직의 변화 관리 영역에서 조사 또는 문제 해결 도구로 사용해 보니 그 매력에 푹 빠져 버렸다.

다음 예시를 통해 무엇이 상호 연관성을 그토록 강력하게 만드는지 알아보자. 도자기로 만든 꽃병이 산산조각 났다고 가정해 보자. 인내심을 발휘하여 본드로 붙이면 꽃병을 수리할 수는 있겠지만 깨지기 전의 모습으로 되돌릴 수는 없을 것이다. 갈라진 틈 사이로 작은 조각들이 떨어져 나간 자리가 보일 것이기 때문이다. 현대 미술계가 산산조각 난 꽃병에 열광적인 반응을 보이지 않는 한 꽃병은 버릴 수밖에 없다. 온전한 모습을 영영 되찾지 못할 테니 말이다.

'분석'의 정의가 무엇이었는지 기억하는가? 직면한 문제를 분석하고 조각들을 다시 붙이려는 시도를 하고 나면 해결책보다는 기대를 한 몸에 받는 현대 미술품만 남게 되는 경우가 있다. 문제를 해체하는 것은 파괴적인 경우가 많다. 얼마나 파괴적이냐 하면, 문제의 여러 부분을 다시 합치려고 하다 보면 깨진 꽃병을 본드로 붙이는 것이나 다름없는 결과를 초래한다. 조각조각이 들어맞고 본드 덕에 서로 붙어 있기야 하겠지만, 갈라진 틈을 메우던 작은 조각들이 없을 것이고, 표면의 매끄러움도 기대하지 못할 것이다. 꽃병(혹은 문제)은 이전의 온전함을 되찾지 못할 것이 분명하다.

똑똑한 토막 정보

문제를 야기하는 여러 가지 원인이 서로 영향을 미쳐야만 문제가 발생한다. 이런 상호 작용은 문제의 개별적인 면을 볼 때는 대체로 눈에 띄지 않는 특징을 유발한다.

복잡한 문제는 개별적인 요소들이 특정 결과를 불러오려고 행동을 같이하는 데에서 기인한다. 예를 하나 들어 보겠다. 수소와 산소가 물이 된다는 것도 모른 채 각각의 기체만 몇십 년 동안 연구할 수도 있다. 수소와 산소가 결합할 때만 비로소 물이 탄생한다. 물은 수소와 산소를 결합시켰을 때 발생하는 '출현' 속성이다. 이 말인즉슨 수소를 산소에서 분리할 경우 더 이상 물을 얻지 못하며, 전혀 다른 종류의 기체 두 가지만 얻게 된다는 뜻이다. 이와 마찬가지로, 개별적으로 연구하려고 문제의 구성 요소들을 분리시키면 문제의 핵심이나 출현 속성을 놓칠 우려가 있다.

 틀린 생각 바로잡기

어떤 문제 해결 방법이든 문제를 작은 조각으로 나누는 것에서 출발한다. 그래야만 문제의 이해도를 높일 수 있으며 가능한 선에서 최선의 해결책을 찾아낼 수 있다.

➨ 이런 방법을 사용하면 무언가를 놓칠지도 모른다. 문제를 단순화하려는 의도로 문제를 잘게 쪼개면 서로 연관되어 있는 여러 부분을 떨어뜨려 놓게 된다. 그러면 문제를 전체적으로 이해하는 일 또는 작용하고 있는 체계의 결과를 인식하거나 예측하는 일이 불가능해진다. 전체가 여러 부분의 합보다 크다는 말이 맞다.

시각적인 문제 해결 연장 세트

나는 자동차는 좋아해도 요리는 좋아하지 않는다. 그런 만큼 폭삭 주저앉은 케이크가 나로서는 전혀 낯설지 않다. 몇 년에 걸쳐 내 오븐에서는 물렁물렁하거나 이가 부러질 만큼 딱딱하거나 한쪽으로 기울어진 케이크가 생산되었다. 물론 어머니는 나의 창피한 요리를 한번 흘깃 보고 무엇이 문제였는지 곧바로 알아차린다. "다음번에는 베이킹 소다만 좀 덜 넣으면 될 것 같구나." 혹은 "얘야, 이번에도 오븐이 너무 많이 달궈졌구나."와 같은 충고를 해 주신다. 망친 케이크가 저마다 다르게 생겼을 텐데 어머니는 이런 사실을 어떻게 아는 것일까? 케이크가 만들어지는 체계에 대해 잘 알고 있기 때문이다.

케이크는 하나의 닫힌 체계이자 까다로운 문제를 설명하기에 더없이 적절한 요리다. 재료, 준비 방법, 주위 환경이 최종 결과물에 모두 똑같은 정도로 기여한다. 세 가지 중 어느 하나라도 제대로 이루어지지 않으면 체계 전체가 무너져 내린다. 차를 마시러 놀러 오라고 친구들을 초대할 능력도 케이크와 같이 무너질 것이다! 케이크가 주저앉았을 때 결과를 확인하거나 분석할 목적으로 부분부분 쪼갠다고 해서 문제의 정확한 원인을 쉽게 파악할 수 있는 것은 아니다.

복잡한 문제를 잘게 나누는 것이 좋은 생각이 아니라면, 까다로운 문제를 해결하고 더 나은 케이크를 만들기 위해 무엇을 해야 하는 것일까?

360도 회전 가능한 시각적인 문제 해결 모델을 이용하려면 다섯 가지 단계를 거쳐야 한다.

1단계 – 구체적으로 파악하라

정확히 무엇이 문제인가에 대해 의견이 일치하지 않거나 문제가 불분명한 경우가 많다. 문제가 누구에게 영향을 미치는지, 얼마나 오랫동안 진행되었는지, 얼마나 멀리 또는 깊이 퍼져 있는지 파악해야 한다. 우리는 모두가 '같은 방향을 향해 있고', 우리처럼 관련된 모든 사안을 잘 파악하고 있으리라고 단정짓는다. 우리 자신이 사실을 모두 알고 있으며 빠뜨린 것이 아무것도 없다고 굳게 믿는 경우도 있다. 문제를 해결하고 싶다면 현재 직면한 문제나 도전 과제를 분명히 밝히는 것이 좋은 출발점이 된다. 해결책을 모색하려는 의도가 아니라 문제가 무엇인지 모두 정확히 이해했는지 확인하는 의미에서 거치는 과정이다.

2단계 – 시각적으로 보여 주라

모두가 당면한 문제와 기준을 이해할 수 있도록 돕는 좋은 방법 중 하나는 그것을 시각적으로 보여 주는 것이다. 복잡한 문제를 다이어그램으로 나타내면 사람들의 관심은 토론에서 다이어그램으로 옮겨 간다. 의견이 다양하거나 성격이 강한 사람들이 많을 때 일을 좀 더 수월하게 만들어 주는 장점이 있다.

문제의 시각화는 혼란을 가라앉히는 데도 큰 몫을 한다. 다른 사람들이 어떤 생각을 하고 있는지 모두가 눈으로 볼 수 있기 때문이다. 꼭 멋진 그림일 필요는 없다. 냅킨에 그림을 그리더라도 전자 화이트보드에 그리는 것만큼 효과적일 수 있다. 그림은 세부 사항을 기억하고 정보를 간직하는 능력을 향상시키므로 사람들이 모두 사실 정보를 훨씬 잘 기억하는 장면을 보게 될 것이다. 나중에 문제가 될지도 모르는 관점이나 이해도의 미묘한 차이가 순식간에 분명해질 것이다.

3단계 – 창의성을 발휘하라

그림을 그릴 때는 문제가 발생하도록 서로 영향을 끼친 사람과 요소를 모두 그려야 한다. 이때 사람, 과정, 사물 등이 포함될 수 있다. 다루는 문제와 상호 작용하는 다른 체계의 일부인 사람, 과정, 사물도 그림에 포함되어야 한다. 체계의 경계를 분명히 나타내고 미지의 영역을 찾아내라. 이 단계를 매우 어렵게 여기는 사람들도 있는데, 무엇인가를 정리하기 좋아하거나 상황을 명백하고 단순하게 만드는 것을 좋아하는 사람들에게는 환상적이면서도 창의적인 활동이 될 것이다.

그러나 그림에 너무 열중하다 보면 모델이 지나치게 복잡해져서 미트볼이 들어 있는 스파게티 한 그릇처럼 보일 위험이 있다. 나는 다이어그램을 미트

볼이 들어 있는 스파게티처럼 만드는 데 유달리 재능이 있는데, 그러다 보니 나중에 항상 단순화해야 한다. 그러니까 눈앞에 닥친 문제에만 집중해야 한다는 것을 잊지 말라.

4단계 – 깊이 생각하라

놀이 시간은 끝났다. 여기서부터 진짜 문제 해결 작업이 시작된다. '생각하는 모자'가 있어야 하며, 문제 해결을 함께할 동료나 다과가 있는 것도 좋다. 이 단계에서 문제의 요소들이 서로 어떻게 연관되어 있고 어떤 영향을 미치는지 밝히게 된다.

예를 들면 아래에 제시한 모델의 경우 179쪽에서 다룬 예시에서 상호 작용하는 두 가지 요소를 보여 준다. '독감 시즌이 결근율을 높인다.'와 '직원들의 결근이 생산성을 저하시킨다.'가 그 두 가지다.

사람들의 행동과 그런 행동이 체계의 다른 부분에 미치는 영향을 분명히 할 수도 있다. 예를 들어 마감일을 넘기지 말아야 한다는 압박감은 직원들이 병가를 내야겠다는 생각을 덜 하게 할 것이다. 시간이 흐름에 따라 체계에 불균형을 일으킬 '시간을 지연시키는 요소'도 포함해야 한다는 사실을 잊지 말라. 결근하는 것을 회사에서 좋게 보지 않을 경우 중·장기적인 관점에서 봤을 때 직원들은 불행해지고 혹사당하게 될 것이다. 시간을 지연시키는 요소는 나중에 막혀 버리거나 '폭발'을 일으킬 수 있는 문제 지점을 찾아내도록 돕는다.

5단계 – 문제 해결을 시작하라

복잡한 계산이 가득한 스프레드시트를 떠올려 보라. 계산이 틀렸거나 무의미한 결과가 나오면 그것을 고치는 유일한 방법은 문제가 어디에 있는지 찾아내려고 스프레드시트상의 숫자와 공식을 샅샅이 살펴보는 것이다. 0이 한 개 더 있거나 칸이 하나 더 떨어졌거나 + 또는 − 기호가 잘못된 곳에 표기되어 있을 수도 있다. 이때 '해결책'을 고치려고 들 수는 없다. 그보다는 해결책을 낳은 체계를 검토해야 한다. 이것이 바로 문제가 어떻게 발생했는지 이해하기 쉽게 시각적인 모델을 만드는 것이 중요한 이유다. 모델이나 그림을 다시 한 번 확인하는 것이 좋다. 모델이 제대로 작동하기만 하면 기대하는 결과가 확실히 나타나는지 살펴보라. 이는 '다이어그램 발달시키기'라고 부르는 작업이다.

이제 모든 사람들이 문제를 비롯하여 원인과 결과까지 명확하게 알게 되었으니 마침내 해결책을 모색할 시간이 왔다. 시각적인 모델이 있을 때 이 작업이 훨씬 빠르게 진행된다는 것을 눈치챌 수 있을 것이다.

스프레드시트를 살펴보듯이 우리는 결과를 바꾸고 문제를 해결할 수 있는 아주 작은 문제 지점을 찾아야 한다. 이것이 바로 영향력이 극대화되는 지점인 '레버리지 포인트'다. 레버리지 포인트가 명백하지 않으면 브레인스토밍을 통해 다른 대안을 찾아야 한다. 문제에 적합한 모델을 디자인하는 데 시간을 들였으니 이제 다양한 해결책을 살펴볼 차례다. 해결책마다 다른 사람들에게 어떤 영향을 미치는지 알아보고, 어떤 변화가 어디에서 일어나기를 기대하는지 생각해 보면 된다.

시각적인 문제 해결의 지름길

시간이 지남에 따라 나는 사람들이 문제에 적합한 모델을 만들 때 염두에 두어야 할 모든 요소를 기억하기 쉽도록 지름길을 개발하게 되었다. 나의 처참한 빵 굽기 실력을 기리는 의미로 '케이크 모델'이라고 부르기로 하자.

스파게티처럼 생긴 다이어그램을 그릴 수 있는 지위에 올라 있지 않더라도, 이 비유는 당신이 해결하려는 문제에 영향을 미칠 모든 요소에 대해 생각하도록 도울 것이다. 케이크 모델은 케이크를 만들고 맛있게 먹는 데 필요한 모든 것, 즉 제빵사, 재료, 오븐, 층이 여러 개인 스펀지케이크, 케이크 장식용 당의(糖衣), 초, 케이크를 먹을 사람들을 포함한다. 문제를 검토할 때 다음에 해당하는 요소들이 어떤 것인지 살펴보라. 이런 요소들은 상호 작용을 통해 문제를 유발한다.

▶ **제빵사** : 시스템을 돌아가게 하는 데 필수적인 사람들을 말한다. 몸이 아픈 직원이 병이 낫기 전에 일터로 돌아오는 예시를 떠올려 보면 제빵사는 몸이 안 좋은 직원들, 그들의 상사와 동료가 될 것이다.

▶ **재료** : 체계 안에서 상호 작용하는 모든 것을 나타낸다. 회사의 결근 제도나 직원이 병가를 냈을 때 적용되는 표준 운영 절차가 여기에 해당된다. 또한 결근한 직원의 메일은 누가 확인하는지, 그 직원이 관리하는 고객은 누가 맡는지에 관한 사항도 여기에 적으면 된다.

▶ **오븐** : 문제가 구워지는 환경에 대한 아주 적절한 비유라는 생각이 든다. 몸이 아픈 직원은 적대적이거나 비판적이거나 경쟁적인 환경에 놓이게 되는가? 아니면 그들을 지지해 주고 도와주는 팀원들을 마주하게 되는가? 문제가 발생한 환경을 두고 여러 가지 시각이 있을 수 있다. 모든 시

각이 중요하며 하나씩 자세히 살펴볼 필요가 있다. 그중 어떤 것이 가장 많은 사람들의 지지를 얻게 되는지 금세 분명해질 것이다.

▶ 층이 여러 개인 스펀지케이크 : 지금 씨름하고 있는 문제가 여러 겹으로 이루어졌는가? 눈에 보이는 증세는 빙산의 일각일 뿐이며, 보이지 않는 곳에서 훨씬 많은 일들이 벌어지고 있는 경우가 있다. 몸이 아픈 직원이 일터로 너무 빨리 복귀하는 데에는 쉽게 떠올리기 힘든 다른 이유가 있지 않을까? 더 자세히 알아내려면 좀 더 깊이 조사하고 여러 사람과 대화를 나눠야 할 것이다. 업무에 가능한 한 일찍 복귀할수록 사회적인 보상 같은 것이 주어지는 것일까?

▶ 케이크 장식용 당의 : 직면한 문제가 알고 보니 여러 겹으로 이뤄지지 않았을지도 모른다. 대신 시간이 흐르면 케이크 윗부분을 설탕으로 매끄럽게 입히는 당의가 씌워진 것일 수도 있다. 문제가 수면으로 부상하거나 다뤄지기까지 시간이 걸렸다면, 그 문제가 레이더상에 나타나지 않게 만든 것은 무엇일까? 계통 관리자가 일을 떠맡기 싫어서 아픈 직원이 업무에 조속히 복귀하도록 부추긴 것일까? 당의는 아무도 의문을 제기하지 않는 현 상태처럼 아주 간단한 것일 수도 있다.

▶ 초 : 초가 있어야 생일 케이크가 특별해진다. 적어도 21세가 되기 전까지는 그렇다. 그다음부터는 초를 너무 많이 꽂아야 하므로 불이 날 위험성만 높아진다. 촛불은 어느 문제에나 그리고 문제를 해결하는 데 이용되는 어느 의사결정 활동에나 항상 존재하는 감정을 나타낸다. 문제에 관여할 만한 감정은 무엇인가? 사리사욕, 차별, 가질 권리가 있다는 생각과 관계된 감정인가? 그렇다면 문제 해결 과정에 관여하는 감정에는 어떤 것이 있을까? 감정이 언제나 손실을 방지하고 이익을 극대화하도록 도

울 것이라는 사실을 기억하라. 인사과에서 일하는 사람들이 회사 정책을 옹호해야겠다고(손실 방지) 느낄 수도 있고, 계통 관리자들은 추가적인 업무량이 자신들에게 돌아오는 바람에 정작 자신들이 병가를 낼 여유가 없다는 데 분개할지도 모른다.

▶ **케이크를 먹을 사람들** : 먹을 사람이 없다면 케이크를 구울 필요가 없다. 문제 해결의 측면에서 보면 최종적으로 문제의 영향을 받는(영향이 아주 미미할 때도 있다) 사람들이 여기에 해당할 것이다. 결근하는 직원의 예시에서는 줄어든 인력과 불합리한 병가 정책 탓에 서비스를 제대로 받지 못한 고객이 여기에 해당한다. 다른 부서나 지점에도 영향이 있지 않을까?

이것이 다섯 가지 단계다!

직접 한번 시도해 보길 권한다. 복잡한 문제를 해결해야 할 때 문제를 야기하는 데 일조하는 모든 요인을 한 번에 떠올리도록 다이어그램을 준비했다. 체계의 결과를 바꾸고 문제를 해결할 수 있도록 레버리지 포인트를 찾는 데 도움이 될 것이다.

어떻게 시작하면 좋을까?

문제를 해결할 새로운 방법을 찾는 일은 대체로 빈 종이나 빈 모니터에서 시작된다. 문제나 해결책이 초반에 어떻게 그려지는지에 너무 신경 쓸 필요는 없다. 문제의 속에서부터 시작하여 겉으로 나오든 그 반대로든, 위에서 아래로 접근하든 그 반대로든 전혀 문제가 되지 않는다. 가장 먼저 손이 가는 데에서부터 시작하면 된다.

제빵사

재료

오븐

초

당의

층이 여러 개인 스펀지케이크

아이들

1. 처리해야 할 문제가 간단한 것인지 복잡한 것인지 판단하라. 시스템적 접근법을 간단한 문제에 적용하는 것은 아무 의미가 없다.

2. 복잡한 문제를 잘게 쪼개어 단순화하지 않도록 조심하라. 중요한 특징이 묻혀버리는 경우가 많다.

3. 문제를 분명하게 밝혀라. 가능한 해결책을 모색하려는 의도가 아니라 문제가 무엇인지 모두 정확히 이해했다는 사실을 확인하는 의미에서 중요한 작업이다.

4. 문제를 다이어그램으로 그려 시각적으로 나타내라. 다양한 관점과 이해도의 차이가 극명하게 드러날 것이다.

5. 개인이 아닌 다이어그램의 여러 요소에 초점을 맞춤으로써 의견의 차이나 열띤 토론을 분산하라.

6. 체계를 모델화할 때 요소들 간의 상호 작용과 시간을 지연시키는 요소를 포함하라.

7. 문제의 경계를 분명히 설정하고 체계를 너무 복잡하게 만들지 말아야 한다는 것을 기억하라.

8. 다이어그램을 이용하여 체계 안의 레버리지 포인트를 찾아내라. 거기에서 해결책을 찾을 수 있을 것이다.

9. 실행 가능한 여러 가지 해결책을 체계 안에 대입하여 저마다 어떻게 작용하는지 살펴보라.

10. 케이크 모델을 이용하면 까다로운 문제를 해결할 때 고려해야 할 모든 요소를 기억하고 조사하는 데 도움이 된다.

팀을 위한 문제 해결

"그 어떤 문제도
부단한 사고의 공격을
당해 낼 수는 없다."
—볼테르

CHAPTER 9

여러 명이 머리를 맞대는 것의 장점

우분투(ubuntu)는 여러 가지 문화가 혼합된 남아프리카공화국의 심장박동
이다. 우분투는 한 사람 한 사람이 사회라는 여러 가지 색을 띤 천을 이루는
하나하나의 실이라는 것을 보여 준다. 개인이 혼자서는 잘 지낼 수 없으며, 개
인 간의 상호 연관성이 인간됨의 본질이라고 말하기도 한다. 천의 올이 풀려
버리면 실 하나하나는 천에 수놓인 무늬의 아주 작은 부분만을 대표하는 꼴
이 된다.

성격이 내성적이든 외향적이든 절대적으로 고독한 가운데 인생을 즐길 수
있는 사람은 극히 소수에 불과하다. 우리가 직장에서나 사회적으로나 팀의
일원이 되는 데에서 오는 안락함을 좋아하는 데에는 여러 가지 이유가 있다.
그중 몇 가지를 나열해 보겠다.

▶ 사회적으로 바람직하다고 여겨지는 것은 개인의 이미지상 매우 좋다.

▶ 공동체 의식은 감정적으로 힘을 북돋아 준다.

▶ 우리는 손쉽게 동질감을 느낄 수 있는 무엇인가의 일부분이 되기를 좋아한다.

▶ 팀은 우리가 누구인지, 우리가 무엇을 대표하는지 정의해 준다.

오늘날에는 팀이 조직의 심장박동인 경우가 많다. 의사결정을 할 때 여러 개인이 함께 생각하는 데에는 분명한 이득이 있다. 이런 이득의 대부분은 사람들의 다양성에서 비롯된다.

물론 일이 틀어지면 다른 사람들을 탓할 수 있다는 장점도 있다!

 똑똑한 토막 정보

교육, 배경, 경험, 전문 분야, 능력, 관점, 의견의 다양성이 풍부한 정보를 바탕으로 의사결정을 하도록 도우며, 배움의 속도를 높이기도 한다.

베스트셀러 《대중의 지혜(The Wisdom of Crowds)》에서 제임스 서로위키 (James Surowiecki)는 독자적으로 사고하는 사람들을 모아 놓으면 그들이 합심하여 상당히 똑똑한 결정을 내릴 수 있다고 설명한다. 팀이 여러 사람의 지혜를 충분히 활용하여 현명해지려면 팀원들 간에 건강할 만큼 다양한 의견이 있어야 한다. 주위 사람들의 의견에 영향을 받지 않은 독립적인 의견이 다양해야 한다. 이런 독립적인 생각들이 하나의 결과에 이르게 할 수 있는 방법도 필요하다. 주식 시장은 이런 여건을 일부 갖추고 있다. 여러 분석가가 다양한 분야의 전문 지식을 활용하여 기업에 관한 정보를 조사하며 기업들의 주식에 대해 자신만의 의견을 형성한다. 주식 거래 시스템은 그들의 생각을 종합하는 깔때기 역할을 한다. 시장에서는 이따금씩 일이 틀어지고 주가가 폭락하거나 급등하여 버블을 형성하기도 한다.

독자적으로 사고하는 사람들이 다른 사람들의 영향을 받거나 아주 유사한 결정을 내리기 시작하면 그 집단은 더 이상 현명한 팀이 아니라 집단적으로 행동하고 동일한 의사결정 과정을 따르는 평범한 무리로 전락하고 만다. 훨씬 작은 규모에서 살펴보면 우리가 속한 팀들은 편안하고 손쉬운 사고 패턴을 이용하도록 끊임없이 유혹에 놓인다. 그렇다. 안전한 사고방식은 개인뿐 아니라 집단에도 쉽게 침투한다. 집단일 때 침투가 더 쉬운 경우도 있다.

틀린 생각 바로잡기

개인보다 팀이 항상 더 나은 결정을 내리기 때문에 기업에서는 프로젝트 팀을 이용하기를 더 선호한다.

➠ 항상 그런 것은 아니다! 팀 단위로 진행되는 효과적인 의사결정 과정이 놀라운 결과를 내놓을 수도 있지만, (앞서 살펴본 브레인스토밍의 경우처럼) 제대로 진행되지 않으면 안전하고 평범한 절충안만 얻게 될 수도 있다. 이런 해결책은 현상을 유지하거나 이상을 지지하려는 목적이 있을 뿐이다.

여러 명이 머리를 맞대는 것의 단점

1999년에 실로 놀라운 경기가 펼쳐진 적이 있었다. 말 그대로 한 사람이 세상의 모든 사람들과 지능을 겨룬 시합이었다. 게리 카스페로프(Gary Kasperov)가 체스 경기에서 이 세상 모든 사람들에게 도전장을 내민 것이다. 도전은 받아들여졌고 넉 달에 걸쳐 치열한 경쟁이 펼쳐졌다. 총 75개국이 연합하여 카스페로프와 실력을 겨뤘다. 처음에는 단 한 명의 선수가 그랜드 마스터와 베테랑 체스 선수들을 포함한 5만 명이나 되는 사람들을 이길 수 있을 것이라는 발상이 말도 안 돼 보였다. 카스페로프는 천재적이었을까, 그저 미친 것이었을까? 시간이 알려 줄 터였다. 시합이 중반에 이르자 카스페로프의 경쟁자들은 체스보다는 대인관계와 관련된 역학에 에너지를 쏟는 기색을 보이기 시작했다. 조직성의 결여, 언쟁, 세력 다툼, 욕 등 그 종류도 다양했다. 결국 카스페로프가 경기에서 승리했다.

집단 사고

사회 심리학자 어빙 재니스(Irving Janis)는 집단 사고라는 개념을 처음으로 도입했다. 그는 이 개념을 이용하여 합리적인 사람들이 모였는데도 비합리적이거나 나쁜 결정이 도출되는 이유를 설명하려고 했다.

> "집단 사고는 팀이 결함이 있는 결정을 내릴 때 일어난다. 집단에 속해 있다
> 는 압박감이 정신적인 능률, 현실 테스트 능력과 도덕적 판단력을 떨어뜨리
> 기 때문이다."
>
> —어빙 재니스

좀 가혹하다는 생각이 들지 않는가? 팀 단위로 의사결정을 하는 것은 현대 비즈니스계의 수호자다. 우리의 조상이 무리를 지어 사냥하거나 모임을 가졌던 방식과 크게 다르지 않다. 그러나 역사와 여러 가지 증거가 보여 주듯이 집단이 제공하는 안락함에 빠지거나 대의명분의 그늘에 숨을 경우 사고방식에 변화가 일어난다.

당신이 살고 있는 나라나 당신의 종교가 지닌 역사를 한번 돌아보라. 나중에 알고 보니 특정 집단이 비이성적으로 행동한 사례를 찾을 수 있을 것이다. 개인이 혼자서는 결코 내리지 않았을 결정을 선전이나 권력이 막강한 리더의 영향 아래 내린 경우가 있을 것이다.

팀 단위로 일하는 것이 정말 짜증날 때도 있다는 것은 인정한다. 의사결정이 천천히 이뤄지는 데다 토론이 쳇바퀴 돌 듯 계속될 수도 있다. 모두가 건설적인 비판을 하도록 장려되지만, 실제로 누군가의 의견을 비판할 때는 그 사람의 기분이 상하지 않을까 조심할 수밖에 없다. 다른 한편으로는 내가 낸 의견이 다수결의 의견과 일치하지 않으면 사람들이 꼬치꼬치 캐물을 것이고, 결국에는 의견이 묵살당할 것이다. 많이 겪어 본 얘기 아닌가?

팀원의 다양성이 팀이 훌륭한 결정을 내리는 데 도움이 되는 요인이긴 하나, 팀원들 간에 훈련 경험, 배경, 관점이 비슷한 팀은 그렇지 않은 팀보다 일을 더 매끄럽게 진행시킨다. 위계질서가 분명한 팀에서는 모두의 지위가 정해져 있고 그 질서가 존중되며 팀원들 간의 균형이 유지된다. 이런 균형을 흐트러뜨리지 않는 것이 개인적인 의견을 발표하는 것보다 더 중요할 때도 있다.

그렇다고 해서 다양성의 부재가 집단 사고로 곧바로 이어지지는 않는다. 강하고 성숙한 팀의 경우 팀의 역학 관계가 틀어지지 않게 하면서도 주제에 대해 논쟁을 벌이거나 서로에게 질문을 던질 수 있다.

아하, 그렇구나!
팀원들 간에 배경이나 세계관이 비슷할수록 집단 사고가 조직적으로 부각될 가능성이 크다.

집단 사고의 증상

다행히도 집단 사고가 팀의 의사결정 과정에 침투했다고 의심이 들 때 확인할 수 있는 몇 가지 증상이 있다.*

▶ 팀이 내세우는 명분에 대한 믿음에 아무도 이의를 제기하지 않을 수 있다. 이런 믿음으로 인해 팀원들이 자신의 행동에 의문을 갖지 않게 된다.
▶ 팀이 성과를 보일 것이라는 맹목적인 믿음이 있다. 스포츠 팀의 경우 이것이 대단히 중요한 동기 부여 요인으로 작용한다.
▶ 팀원들은 팀에 충성하도록 장려되고, 팀에서 나온 아이디어는 존중받는다. 아무나 팀의 일원이 될 수 없으며, 팀에 속하지 않은 사람들은 다르거나 능력이 뛰어나지 못하다는 평가를 받는다.
▶ 팀에 도전장을 던진 아이디어가 제대로 검토되지 않은 채 묵살될 때 '이 팀에서 나온 의견이 아니다'라는 식의 태도가 드러난다.
▶ 팀원이 조용하면 의견에 합의한 것으로 간주한다.

 똑똑한 토막 정보

집단 사고는 사고의 한 가지 방식으로서, 집단이 정보를 수용하고 처리하는 방식을 바꾼다.

---

* 어빙 재니스, 《집단 사고의 피해자(Victims of Groupthink)》(1972년)

집단 사고의 결과

집단 사고의 증세는 결과보다 알아차리기 어려운 경우가 많다. 팀의 실적이 악화되기 시작하면 집단 사고 때문에 다음과 같은 행동이 나타나지는 않는지 지켜볼 필요가 있다.

근거 없는 추정이 난무한다

팀 내에서 나만 문제나 제시된 해결책을 이해하지 못했다고 단정지어 버리면 절대로 의견을 자유롭게 펼칠 수 없을 것이다. 이럴 경우 모든 사람들 앞에서 바보같이 말하는 위험을 감수하게 된다. 다른 사람들은 무엇이 화두인지 모두 알고 있으리라고 단정짓기 쉬운데, 그러다 보면 아무도 다른 사람들의 생각에 이의를 제기하지 않을 우려가 있으며, 중요한 질문이 추정이라는 장막에 가려질 수도 있다.

대안이나 선택 사항이 충분히 검토되지 않는다

집단 사고는 팀의 의사결정 능력과 관계된 자신감을 끌어올린다. 성공적인 프로젝트를 막 끝마쳤을 경우에는 더욱 그렇다. 이는 팀원들이 현재의 사고방식이나 다가올 프로젝트에 접근하는 방식에 의문을 덜 갖게 한다.

절대로 과거를 파헤치지 않는다

과거에 실패한 경험을 분석하고 검토하는 일은 항상 불편하지만, 객관적인 눈으로 살펴볼 수 있으면 과거는 훌륭한 스승이 된다. 과거를 파헤치다 보면 손가락질을 하거나 누군가를 탓하게 되어 팀원들 간의 화합이 타격을 입는다. 이런 자기 성찰은 매우 귀중한 교훈을 지니고 있는데도 회피하는 경우가 많다.

정신적인 실수가 더 커진다

개인이 저지르는 정신적인 실수보다 팀 단위로 저지르는 실수가 훨씬 크다.

차선책은 우리가 아닌 실력이 모자라는 팀을 위한 것이다

팀 전체가 최선책을 이용하여 문제를 해결할 수 있다고 믿기 때문에 차선책이 잊히거나 밀려날 수 있다.

팀 리더의 역할

팀 리더는 여러 가지 이유로 선발된 사람이다. 전문 지식이나 훈련의 양 또는 관련 경험이 가장 풍부할 수도 있으며, 해당 고객과의 관계가 가장 원만할 수도 있다. 팀을 관리하는 능력이 가장 뛰어나서 뽑히는 경우도 있고, 직위가 가장 높아서 리더가 되는 경우도 있다. 선택된 이유가 무엇이든 간에 리더가 낸 의견은 의사결정 과정에서 큰 비중을 차지한다. 팀원들에게서 최고의 아이디어를 뽑아내야 하는 입장인 만큼 리더는 자신의 의견이 팀 사고에 어느 정도의 영향력을 행사하도록 허용할

위험!

팀 리더는 전문 지식 때문에 리더로 뽑혔을 것이고, 지식을 활용하여 프로젝트에 최대한 강력한 영향력을 행사해야 할 것이라고 단정짓지 말라. 이런 접근법은 직급이 낮거나 경험이 부족한 팀원들에게는 효과가 있을지 몰라도 경험이 풍부한 직원들을 상대할 때는 의욕만 떨어뜨릴 수도 있다. 리더의 역할은 미리 정해 둔 결과를 향해 팀을 이끄는 것이 아니라, 팀원으로서 기여하면서도 열띤 토론이 이뤄지고 팀의 역학 관계가 건강하게 유지되도록 하는 것이다.

것인지 예의주시할 필요가 있다.

집단 사고를 팀 사고로 전환하기

팀 사고를 위한 도구들은 건전한 토론을 장려하며 팀원들이 개개인보다는 정보에 초점을 맞추도록 돕는다. 어느 팀이든 중요한 역할 몇 가지를 정의하고 팀원들에게 그 역할을 부여하는 것이 좋은 출발점이 될 수 있다. 이런 방침은 팀원들에게 중요한 역할을 맡았다는 자부심을 안겨 주고, 프로젝트가 원활히 진행될 수 있게 구체적으로 기여한다는 느낌을 주어서 좋다. 프로젝트를 진행할 때 다양한 단계에서 필요한 핵심적인 역할 몇 가지를 열거하겠다.

▶ 시간 관리자 : 이 역할을 맡은 사람은 프로젝트가 시간에 맞춰 제대로 진행되도록 관리한다. 시간 관리자는 특정 작업이 예상보다 너무 오래 걸리거나 보고가 제때 들어오지 않으면 팀원들에게 경고해야 한다.

▶ 장부 관리자 : 이 사람은 회계 담당자다. 견적을 낸 경비, 예산과 관련하여 재정 지출을 추적하고 보고하는 역할을 한다.

▶ 감정 관리자 : 매우 중요한데도 간과되는 경우가 많은 역할이다. 감정 관리자는 팀의 전반적인 사기와 감정을 관리한다. 이 사람은 팀 내에서 대인관계에 관한 문제를 돌보고, 프로젝트가 끝날 때까지 팀원들의 작업의욕과 열의가 유지되도록 노력한다.

▶ 주주 관리자 : 이 역할을 맡은 사람은 주주들과의 관계를 관리한다. 필요한 경우 주주들에게 보고하는 직무도 수행해야 한다.

▶ 비판 관리자 : 회의가 있을 때마다 누군가는 벌처럼 톡 쏘는 어려운 질문을 던져야 한다. '선의의 비판자' 노릇을 해야 하는 이 역할은 팀원들이

번갈아 가며 맡는 것이 좋다. 그래야만 회의마다 비판적인 질문을 던지는 사람이 있을 것이며 토론이 활발히 전개될 것이다.

▶ 기록 관리자 : 중요한 결정이 내려지면 그 결정을 뒷받침하는 근거를 기록으로 남겨야 한다. 그래야 나중 단계에서 검토되더라도 탄탄한 결정으로 인정될 수 있다. 어떤 아이디어나 생각에 누가 찬성하고 누가 반대했는지 적어 둘 필요는 없다. 이것은 팀 단위로 내린 결정을 향상시키는 방법을 지속적으로 배울 때 중요하게 작용하는 부분이다. 팀원들이 생각하는 과정에서 그리고 그 생각의 결과로 발생하는 실수를 알아차리는 것이 중요하다.

프로젝트의 성격이나 팀의 규모에 따라 몇 가지 역할을 가감해야 할지도 모른다.

카메라, 렌즈, 사고용 도구

팀원들이 하나같이 다른 문제 해결 방법을 이용할 수도 있다. 이는 시간도 많이 걸리고 팀원들 간에 긴장과 좌절감을 유발할 가능성이 있다. 이 얼마나 애석한 일인가! 팀워크가 그토록 강력한 이유가 팀 구성원들 간에 생각이나 의견, 접근법이 다양해서라면 이런 마찰 요소를 어떻게 자산으로 바꿀 수 있을까? 팀 리더는 팀을 관리하기가 수월하지 않을 때에 대비해 효과적인 도구를 갖춰야 한다.

이제 문제에 접근할 때 이용할 수 있는 다양한 사고방식에 대해 생각해 보라. 돕는 의미에서 미리 네 가지를 적어 보았다.

문제에 접근하는 데 어떤 사고방식이 있을 수 있는가?	
1. 긍정적	2. 비판적
3. 창의적	4. 체계적
5.	6.
7.	8.

가장 중요하다고 생각하는 사고방식에 동그라미를 쳐라. 모범 답안은 여덟 가지 모두에 동그라미를 치는 것이라는 사실을 눈치챘을지도 모르겠다. 선택하는 사고방식에 따라 문제의 각기 다른 면을 살펴볼 수 있다는 장점이 있다.

인간은 인생의 초기 단계에 어떤 의사결정 기술이 자신에게 효과가 있는지를 배운다. 살아가면서 그런 기술을 고수하게 되고 문제에 접근할 때 계속 같은 방법을 사용함으로써 그 기술을 이용하는 데 능해진다. 그러나 여기에는 위험이 도사리고 있다. 이것이 습관화될 경우 새로운 아이디어나 관점에서 멀어질 우려가 있다. 사고용 도구의 좋은 점은 우리가 틀에 박힌 사고방식에 갇혀 있다는 사실을 인식하고 정신적인 안전지대에서 벗어나도록 돕는다는 것이다. 이는 단독으로든 팀으로든 더 나은 의사결정으로 이어진다.

문제를 여러 시각에서 살펴보는 것은 떠오르는 대로 아무 의견이나 늘어놓게 되는 기본적인 브레인스토밍에 비해 훨씬 철저한 결과를 내놓는다. 어떤 원리인지 설명해 보겠다.

내 남편은 사진 찍는 것을 아주 좋아한다. 가지고 있는 카메라나 렌즈의 종류도 많고, 필터도 입이 쩍 벌어질 만큼 다양하게 갖고 있다. 카메라나 렌즈마다 성능이 다르고 결과물도 놀랄 만큼 다르다. 다루기도 복잡하고 육중한 장비를 같이 들고 다녀야 하는 남편의 카메라는 나로선 영 마음에 들지 않는다. 크기도 작고 사용하기 쉬운 내 카메라가 훨씬 좋다고 생각한다. 하지만 휴가를 다녀오면 누구나 남편이 찍은 사진을 보고 싶어 한다. 콘트라스트나 깊이, 예술가적 기교와 특별한 매력이 더 있다는 이유에서다. 내가 찍은 사진은 다 별 볼일 없이 평범하다. 똑같은 피사체를 찍었는데도 일차원적이고 단조로우며 밋밋하다. 남편의 여러 가지 카메라와 렌즈는 우리가 눈으로 본 것의 각기 다른 측면을 포착한 셈이다.

독자적으로 혹은 팀의 일원으로서 문제를 해결할 때 한 가지 관점만으로는 (내가 쓰는 단순한 카메라처럼) 훌륭한 해결책을 찾아내기 어렵다. 명확성이나 다양성의 모든 측면을 인지하는 데 필요한 통찰력이나 깊이를 절대로 담아낼 수 없기 때문이다. 각기 다른 카메라 네 개와 다섯 개 이상의 렌즈가 있어야 최상의 문제 해결 전략을 기대할 수 있다. 그럼 문제 해결에 필요한 도구에 대해 자세히 살펴보자.

문제와 해결책은 우선 개별적인 주주의 관점에서 검토되어야 한다. 일반적인 가이드라인을 제시해 보겠다.

▶ 카메라 1 : 팀의 관점

▶ 카메라 2 : 회사/다른 부서/주주들의 관점

▶ 카메라 3 : 고객의 관점

▶ 카메라 4 : 경쟁자들의 관점

이제 각각의 카메라에 여러 가지 렌즈를 끼우고 똑같은 문제가 렌즈에 따라 어떻게 보이는지 알아볼 수 있다. 총 24개의 관점까지 평가할 수 있으니 이 정도면 문제나 잠재적인 해결책을 상당히 철저하게 조사한다고 볼 수 있겠다. 이 모든 '장비'가 배낭에 다 안 들어가거나 시간을 너무 많이 잡아먹는다

팀의 관점

회사/다른 부서/주주들의 관점

고객의 관점

경쟁자들의 관점

면 당신의 프로젝트에 적합한 조합을 찾아내기 바란다. 다만 가능한 한 여러 가지 조합을 시도하길 권한다.

카메라 설치가 끝났으면 이제 렌즈를 하나씩 끼워 볼 시간이다.

렌즈 1 – 교훈

우리가 과거를 통해 알고 있는 것을 말한다. 이는 과거에 있었던 성공과 실패를 모두 아우른다. 여기에서 성공이나 실패의 원인이 무엇인지, 그리고 오늘날 관련이 있거나 적용하기에 적절한 측면이 무엇인지 살펴봐야 한다.

렌즈 2 – 추정

우리가 모르는 것과 추정하는 것을 말한다. 여기에는 사회적 통념이나 추론, 현 상태가 포함된다. 물론 예상이나 우리의 통제 범위를 넘어서는 요소에 의지하는 모든 영역도 여기에서 다뤄져야 한다. 시장의 주기, 감정, 경쟁자들의 행동 등이 이에 해당한다.

렌즈 3 – 해결책

바로 여기에서 가능한 해결책을 찾아내기 위해 똑똑한 브레인스토밍(7장 참조) 과정을 이용할 수 있다.

렌즈 4 – 위험성

이 프로젝트의 위험성은 무엇인가? 무엇이 잘못될 소지가 있는가? 시나리오 분석은 우리가 추정한 내용이 예상대로든 완전히 틀린 것으로 밝혀지든 그로 인한 영향을 강조할 것이다. 팀원마다 위험성을 최소한 한 가지씩 강조해야 한다. 문제를 나타낸 다이어그램에 해결책을 대입해 보는 것도 팀원 모두가 제안된 해결책의 영향을 살펴보는 데 도움이 될 것이다.

렌즈 5 – 자원

어떤 자원이 필요한가? 우리의 프로젝트는 사업의 다른 영역에 어떤 영향을 미칠 것인가? 우리가 남의 자원을 빼앗아 오는 꼴이 될 것인가, 아니면 우리의 해결책이 다른 영역에도 긍정적인 영향을 미칠 것인가?

렌즈 6 – 보상

보상이 위험을 정당화할 만한가? 이 프로젝트의 목표 또는 기대하는 결과가 무엇이며, 프로젝트가 성공할 가능성이 어느 정도라고 생각하는가?

교훈   추정

해결책   위험성

자원   보상

가장 어려운 결정도 제압할 수 있는 열 가지 질문

시간이 부족해서 쉽게 조작하는 카메라의 고정 렌즈를 통해서만 문제를 검토할 수밖에 없다면 아래에 제시한 열 가지 질문을 참고하라. 당신의 팀이 분명하게 생각할 수 있도록 도와줄 지름길의 역할을 하는 질문이다.

1. 의사결정 과정에서 추정한 내용 중 어떤 것을 이용하고 있는가?
2. 추정한 내용 중 어느 것이라도 우리가 생각했던 것과 다르다고 밝혀지면 결과에 어떤 영향을 미칠 것인가?
3. 불만, 자부심, 무관심, 의욕 상실, 개인적인 동기 등의 감정이나 요소는 우리가 이 문제에 접근하는 데 영향을 미치는가? 토론의 질에는 영향을

미치는가?

4. 이런 요소들을 어떻게 불식시킬 수 있는가?

5. 모든 사실을 객관적으로 검토하기 전인데도 내가(혹은 팀 리더가) 혹시 마음에 정해 둔 결과가 있지는 않은가?

6. 내가(혹은 팀 리더가) 미리 정해 둔 결과를 향해 팀 전체를 몰아가고 있지는 않은가?

7. 이 문제가 발생하는 체계에 대해 충분히 생각했는가?

8. 우리가 내린 결정이 다른 사람들(부서 혹은 조직)에게 어떤 결과를 가져다줄 것인가?

9. 내가 이 프로젝트나 결정에 반대한다면 어떤 비판을 가하겠는가?

10. 이 계획은 어느 정도의 융통성을 지녔는가? 우리가 예상하거나 추정한 내용이 틀린 것으로 드러날 경우 계획에 수정을 가해 기대에는 좀 어긋나더라도 받아들일 수 있는 결과를 도출할 수 있을 것인가?

1. 비슷한 사람들을 모아 팀을 꾸리는 것은 팀이 원활하게 돌아가고 관리를 쉽게 할 수 있다는 이점은 있지만, 팀원들이 깊이 생각하지 않고 그저 그런 해결책만 내놓을 수 있다는 사실을 기억하라.

2. 다양한 사람들을 모아 팀을 꾸려라. 팀을 관리하기는 어려울지 몰라도 탄탄한 문제 해결, 다양한 시각, 지식의 전수라는 효과를 거둘 수 있다.

3. 당신의 팀이 집단 사고에 빠지기 쉬운 특징을 지녔는지 알아보라.

4. 집단 사고가 발생하고 있다는 증거가 나타나는지 눈여겨보라. 조직성이 뛰어난 팀의 경우 더욱 자세히 살펴보라.

5. 팀 리더의 역할이 팀을 특정한 결론으로 이끄는 것이라고 단정짓지 않도록 주의하라.

6. 팀원들에게 특정한 역할을 부여하고 일정 시간이 지나면 역할을 바꿔 주어라. 자신의 전문적인 지식 덕분에 팀이 원활하게 돌아간다는 책임감이 들 것이다.

7. 팀원이 모두 잠재적인 위험에 관해 아이디어를 제시해야 하는 의사결정 모델을 이용하여 건전한 토론이 이뤄지게 하라.

8. 네 가지 카메라를 이용하여 각각의 주주와 경쟁자들의 관점에서 문제를 검토하라.

9. 여섯 개의 렌즈(교훈, 추정, 해결책, 위험성, 자원, 보상)를 이용하여 분석에 깊이를 더하라. 다루고 있는 문제와 해결책에 관해 정보가 풍부한, 완전한 그림을 그릴 수 있을 것이다.

10. 우분투의 원칙을 존중하라. 개성이 팀의 일원들을 매우 가치 있게 만들긴 하나 그들의 상호 연관성이 팀을 강하게 만든다는 사실을 기억하라.

자신만의 의사결정
전략을 세우고 공유하기

"머릿속에는 뇌가 있고 신발 안에는 발이 있다.
당신이 원하는 어떤 방향으로든 자신을 이끌 수 있다.
당신은 혼자이며, 자신이 무엇을 아는지 알고 있다.
그리고 당신은 자신이 어디로 향할 것인지
결정하는 주체다."
–닥터 수스

CHAPTER 10

자신만의 의사결정 전략 세우기

　새로운 것을 배우는 데는 여러 가지 방법이 있다. 인간은 매우 중요한 능력인 관찰하는 능력을 갓난아기일 때 습득한다. 아기는 어떤 사람이 특정한 행동을 하는 것을 보고, 그것을 배우고 싶은지 결정한 후 최대한 가깝게 흉내 내려고 한다. 이 기본적인 기술은 성장하면서 더욱 수준 높은 학습 방법을 택하게 될수록 점점 중요해진다. 불행하게도 성인이 되면서 '놀이'를 통한 배움은 '돈'을 통한 배움으로 변해 간다. 재산이 많은 사람들은 최고의 교육을 받을 수 있다. 역설적이게도 지식을 전달할 때는 최고의 교육 체제마저도 인간의 기본적인 학습 과정에 의존한다. 관찰하고, 이해하고, 따라 하는 것이다.

　가만히 앉아서 강연을 듣는 여덟 시간짜리 전문적인 훈련 프로그램이라는 것이 얼마나 지루한지 알 것이다. 디즈니 채널을 여덟 시간 동안 시청하는 편이 더 많은 것을 배우는 길일지도 모른다. 음향과 영상을 통해 감각을 더 자극

하기 때문이다.

그렇다고 해서 기업에서 제공하는 훈련을 취소하고 카페테리아의 TV 채널을 블룸버그에서 리틀 아인슈타인으로 돌리라는 뜻은 아니다(그것도 흥미로운 실험이 되겠지만 말이다). 관련 내용을 경험할 준비가 되어 있지 않은 한 관련 서적을 탐독하거나 이틀 동안 훈련에 참가하는 것은 시간 낭비라는 사실을 일깨워 주고 싶을 뿐이다.

어떤 외국어에 관한 책을 읽는 데 온 신경을 쏟더라도 그 외국어를 실제로 사용하지 않으면 오랫동안 기억할 리 만무하다. 그 언어를 이용해 말을 하면 자신이 하는 말이 어느 정도나 이해 가능한지, 악센트가 어색한지에 관해 피드백을 받을 수 있다. 처음에 얼마나 어설프게 느껴지든 새로운 아이디어나 기술을 내면화하는 유일한 방법은 그것을 표면화하는 것이다. 하지만 더 똑똑하게 생각하는 방법을 배우는 것은 어색하거나 고통스러울 필요가 없다.

 똑똑한 토막 정보

> 새로운 기술을 내면화하는 유일한 방법은 행동을 통해 그것을 표면화하는 것이다.

필자의 추천 방법 매주 혹은 매달 이 책의 장을 하나씩 골라 팀원들과 함께 얘기를 나누는 것은 어떨까? 대화를 나누고 나서 여러 가지 원칙을 실행에 옮겨 보라. 장마다 마지막 쪽에 실린 특별 비법 몇 가지만 실천에 옮겨도 좋다.

자신만의 의사결정 전략 개발하기

이제 당신 차례다. 이 책에 실린 주요 아이디어를 간단하게 요약해 봤다. 읽은 기억을 되살리고 당신만의 의사결정 체계를 확립하는 데 도움이 되기를 바란다.

교육은 우리의 경쟁우위가 아니다

우리의 궁극적인 경쟁우위는 동료나 경쟁자들보다 더 빨리 더 똑똑한 생각을 하는 정신적인 능력이다. 교육은 지식을 구성하는 중요한 요소임에 분명하지만, 지식을 활용하여 무엇을 하는지는 경쟁자들과 다르게 우리를 돋보이게 한다. 사색이란 자신의 의사결정 과정에서 드러나는 좋은 패턴과 나쁜 패턴을 모두 눈여겨보며 과거에 내린 결정에 대해 생각하는 것이다.

과제 : 이제부터 생각하는 것에 대해 생각하는 데 시간을 얼마나 투자할 것인가?

정보를 꿰뚫고 있어야 한다

'정보 과잉'이나 '업무 포화'는 새로운 화두로 떠오를 경영 열풍에 길을 내 줄 단순한 유행어가 아니다. 너무 많은 양의 정보는 의사결정 시 명확함 대신 혼란을 불러일으킨다. 항상 통제할 수 있는 건강한 정보 식단은 지속적인 스트레스로 인한 부정적인 영향을 감소시킨다. 멀티태스킹을 하면 권력이 생긴 것처럼 느껴지고 자신이 가치 있게 느껴지지만… 지칠 수밖에 없다! 인간에게는 프로세서가 단 하나뿐이다(흔히 생각하는 것처럼 그중 10퍼센트만 사용하는 것이 아니다). 한 번에 한 가지 일만 하고, 일하는 도중에 방해받지 않도록 시간을 조정함으로써 생산성을 극적으로 향상시킬 수 있다.

과제 : 매일 한 시간씩 한 가지 일에만 몰두하는 것은 어떤가?

인간의 뇌는 놀랍지만 처리 능력은 제한적이다

인간의 뇌는 감각을 통해 들어오는 모든 정보를 동시에 처리할 수 없기 때문에 상황을 감당할 수 있게 정보를 삭제하거나 왜곡하거나 일반화한다. 이 말은 누구나 정보를 다르게 해석한다는 뜻이다. 우리는 모두 현실에 관한 자신만의 '리메이크 버전'이 있다. 대화의 중요한 부분을 다른 말로 바꿔 표현하고 되풀이하는 작업은 우리가 다른 사람들과 내용을 똑같이 이해했는지 확인할 수 있도록 돕는다.

과제 : 문제 해결 시 최종 결정을 내리기 전에 당신의 생각에 반하는 의견을 수렴하라. "내가 여기서 간과하고 있는 것은 무엇인가?" 또는 "당신이라면 무엇을 다르게 하겠는가?"와 같은 질문을 세 명 이상에게 물어보라. 공짜로 얻은 충고는 나중에 가슴 아픈 일이나 창피스러운 일이 일어나지 않도록 막아 줄 수 있다.

감정은 의사결정의 중요한 부분이다

감정은 우리가 내리는 모든 결정의 핵심에 자리 잡고 있다. 이것은 바꿀 수 없는 사실이다. 우리 모두 그렇게 태어났을 뿐이다. 감정이 결정에서 차지하는 역할이 너무 클 경우 반응 일기를 씀으로써 무엇이 과도하게 감정적인 반응을 촉발하는지 알아내야 한다. 반응 일기를 쓰면 나쁜 감정을 찾아내는 데 분명히 도움이 될 것이다. 이런 감정을 예상할 수 있으면 곤란한 처지에 놓이거나 잘못된 결정을 내리기 전에 감정을 다스릴 수 있다. '뒤로 물러나는 기술'과 '빈틈 채우기 문장'은 감정을 현명하게 이용하는 우리의 천부적인 능력을 보충해 주는 도구다.

과제 : 이번 주에 반응 일기를 써 보라.

정신적인 실수는 곧 우리 자신이다

우리는 누구나 실수를 한다. 정보를 처리하다 보면 모르는 사이에 본의 아니게 실수를 하게 마련이다. 그렇지 않다면 의사결정이 수월하게 진행되고 결과는 항상 예측 가능할 것이다. 추정한 내용, 현 상태, 사회적 통념 등을 한데 섞으면 결정을 내리는 데 도움이 안 되는 나쁜 아이디어만 나올 수밖에 없다. 의사결정 체계에 잠입하는 모든 추정에 이의를 제기함으로써 그런 아이디어를 축출해야 한다.

과제 : 다음번에 도전 과제와 씨름할 일이 생기면 자신의 사고 과정에서 발생하는 정신적인 실수가 무엇인지 알아보라.

전문가가 되는 것은 세심한 관리가 필요한 경쟁우위다

어느 분야에서든 전문가로 인정받는 것은 대단한 성과다. 그러나 자기 자신에게 의문을 던지고 새로운 사고방식이나 행동 양식을 수용하는 것으로부터 자신을 차단시킬 경우 전문가라는 사실이 오히려 골칫거리가 될 수 있다. 도전 과제가 예측할 수 없는 방법으로 진화한다는 사실을 기억하라. 새로운 도전 과제에 끊임없이 맞서기 위해서는 전문 지식을 꾸준히 업데이트해야 한다.

과제 : 석 달에 걸쳐 자신의 전문 지식을 업데이트할 조치를 한 가지 취할 수 있는가?

창의성을 생산하는 데는 체계와 훈련이 필요하다

훌륭한 아이디어는 가장 예상하지 못했을 때 불쑥 나타나지 않는다. 창의적인 해결책은 오랜 시간에 걸쳐 형성되며 의식적이거나 무의식적인 창의적 과정의 결과인 경우가 많다. 창의성은 연료, 준비, 체계와 휴식 시간을 필요로 한다. 혹사당해 지친 뇌는 훌륭한 해결책을 떠올리기 위해 투쟁해야 할 것이다.

과제 : 창의적인 해결책을 찾는 자신만의 과정이 있는가? 만일 없다면 생각에 창의성을 부여하기 위한 세 단계짜리 계획을 짜 보는 것이 어떤가?

복잡한 문제에는 메스가 아닌 체계적인 해결책이 필요하다

문제가 복잡하다고 해서 작은 조각으로 쪼개어 단순화하지 말라. 문제의 여러 가지 특성을 잃을 염려가 있으며, 이는 별 볼일 없는 해결책으로 이어질 수 있다. 다이어그램을 그려 문제를 시각적으로 표현하는 것은 여러 가지 장점이 있다. 문제가 무엇인지 명확하게 나타내면 관점과 이해도의 차이가 두드러지게 나타날 것이다. 다이어그램은 해당 문제가 다른 영역에 어떤 영향을 미치는지 보여 주고, 레버리지 포인트가 어디 있는지 분명하게 알려 줄 수도 있다. 레버리지 포인트는 가장 작은 변화가 가장 큰 영향력을 이끌어 낼 수 있는 지점이다. 케이크 모델은 까다로운 문제를 다룰 때 고려해야 할 모든 사항을 잊어버리지 않게 도와준다.

과제 : 집 근처에 있는 문구점에 가서 큰 종이를 여러 장 구입하라. 까다로운 문제의 다이어그램을 그리는 데 유용할 것이다.

팀은 함께 생각하도록 조정되어야 한다

팀은 하나의 문제 해결 시스템이다. 시스템을 이상적으로 작동하게 하는 것은 그 시스템에서 계속 좋은 해결책을 얻는 유일한 길이다. 구성원 간에 배경이나 세계관이 상당히 유사한 팀은 훌륭한 아이디어나 해결책을 찾아낼 수 있지만 집단 사고에 빠질 위험도 있다. 팀 내의 다양성이 제대로 관리될 때에만 탄탄한 해결책이 탄생할 수 있다.

과제 : 이 책에서 제시한 여러 가지 도구 중에서 어떤 것이 팀의 역학 관계를 건설적인 토론으로 이끄는 데 도움이 될 수 있는가?

자, 그럼 내일부터 어떻게 더 나은 결정을 내릴 것인가?

즉석에서 참고할 수 있는 점검 목록

모든 것에 두루 적용할 수 있는 사고 과정이나 의사결정 및 문제 해결 전략이라는 것은 존재하지 않는다. 이 책에서 소개한 비법을 모두 도입하는 사람이 있을 거라고는 생각하지 않는다. 그러나 문제에 접근하는 자신만의 방법을 적극적으로 고안하고 개발하지 않으면 결국 무의식적인 과정에 의지할 수밖에 없다.

이쯤에서 잠시 펜을 내려놓고 당신에게 가장 잘 어울리는 과정에 대해 적어 둘 기회를 주려고 한다.

문제 해결 및 의사결정 점검 목록
1	
2	
3	
4	
5	
6	
7	
8	
9	
10	

장마다 끝에 실린 특별 비법으로 돌아가라. 앞에 요약되어 있는 내용도 다시 읽어 보고, 오늘부터 당신이 똑똑하게 생각하고 더 똑똑하게 일할 수 있도록 도와줄 아이디어들을 추려 보라.

이 커닝 페이퍼는 결정을 내리기 전에 당신의 사고 과정이나 도출한 결론이 가능한 테두리 안에서 최선인지 확인하는 일을 도와줄 것이다. 페이지를 찢어서 서랍 안에 넣거나 게시판에 붙여 둬라.

생각하는 방식에 변화를 주는 것은 제법 커다란 변화이지만 상상하는 것만큼 어렵지는 않다. 어떤 식으로든 변화하는 과정을 시작할 때, 특히 이 경우처럼 습관이나 믿음에 변화를 줄 때 카이젠(Kaizen)*의 원칙 몇 가지는 매우 유용하고 기억해 둘 만하다. 일본의 카이젠 철학은 하나의 체계 안에서 작은 것 한 가지라도 지속적으로 개선하는 데 초점을 맞춘다. 결과가 아닌 과정을 끊임없이 수정하는 데 관심을 쏟는다. 체계란 설정된 대로 돌아간다는 것을 인정하기 때문이다. 실패하는 체계란 것은 없다. 체계의 결과나 결과물을 바꾸려면 설정을 변경해야 한다. 카이젠 철학에서 가장 마음에 드는 부분은 '완벽함이란 존재하지 않는다.'라고 믿는 점이다. 완벽을 목표로 삼되 그것을 기대해서는 안 된다.

자신이 얻은 결론을 다른 사람들에게 전달하기

이 책은 의사소통 능력을 향상시킬 수 있는 방법에 관한 책이 아니다. 하지

---

* 카이젠은 본래 과정 증진 및 품질 관리를 위한 훈련 프로그램이었다. 제2차 세계대전 후 일본의 생산성을 회복시킬 목적으로 고안되었는데, 그 후로 인기가 많아지고 실천하는 사람의 수도 늘어났다.

만 훌륭한 사고, 의사결정, 또는 문제 해결 과정을 통해 얻은 결과를 효과적으로 전달하지 못한다면 얼마나 애석한 일이겠는가. 우리가 얻은 결론을 보고서에 요약하고, 경영진이나 고객에게 발송한 후 제안에 대해 '예' 또는 '아니요'라는 대답을 들을 수 있으면 좋을 것이다. 불행하게도 일이 이런 방식으로 진행되는 경우는 드물다. 훌륭하다고 여겨지는 해결책을 찾아내는 것은 전투에서 반만 이기는 것이나 다름없다. 그 후에는 다른 사람들이 우리의 해결책을 마음에 들어 하도록 설득해야 한다. 공개 포럼에서 발표를 하거나 자유롭게 비판하는 분위기에 놓일 경우 특히 도전적인 일이 될 수 있다.

압박감에 유달리 시달리거나 스포트라이트를 받는 것을 싫어한다면 회의실에서 메시지를 전달하는 데 도움이 될 만한 다음의 아이디어를 참고하라.

해결책을 최대한 시각적으로 표현하라

스파게티 면처럼 복잡해 보이는 다이어그램을 보여 주거나 파워포인트 슬라이드에 글을 빽빽하게 적으라는 말이 아니다. 문제와 해결책의 전후 사정을 보여 주는 수준 높은 계통도를 선택하라. 파워포인트가 필요하지 않을 때는 과감하게 내쳐라. 파워포인트는 중요한 항목 몇 가지를 강조할 때 유용한 만큼 복잡한 아이디어를 나타내기에는 한계가 있다. 다이어그램 역시 발표자의 압박감을 덜어 줄 수 있다. 핵심 항목만 몇 가지 나열된 것보다 프레젠테이션의 내용을 기억하는 데 더 도움이 될 것이다.

의문점, 질문, 걱정스러운 점을 예상하라

누군가가 이런 사항에 관해 분명히 물을 것이다. 문제를 네 개의 다른 카메라와 두 개 이상의 렌즈를 통해 살펴봤다면 주주들이 던지는 대부분의 질문

에 답할 준비가 되어 있을 것이다. 누군가의 관점에 반하는 의견을 내야 할 경우 다이어그램을 보여 주면서 반대하는 이유를 보여 주라.

자신의 해결책과 사랑에 빠지지 않도록 주의하라

당신의 팀이 무엇인가를 놓쳤을 가능성이 있다. 새로운 해결책이 청중에게서 나올 수도 있고, 나중에 토론을 할 때 나올 수도 있다. 비판적인 아이디어를 묵살하는 것은 구미가 당기는 일이다. 생각해 보라. 현장에서 아이디어를 발표하는 동안 청중 한 사람이 의문을 제기하는 것은 아무리 자신감이 넘치는 발표자라도 감당하기 쉽지 않다. 전문가라는 것 그리고 생각을 잘하는 사람이라는 것은 새로운 정보를 수용하고 그것을 생각과 통합시키는 능력이 있다는 뜻이다. 모두가 보는 자리에서 반대 의견을 어떻게 다루는지는 다른 사람들이 당신을 어떻게 생각하는지에 영향을 미칠 수 있다.

철저한 시나리오 분석을 제시하라

긍정적인 면과 부정적인 면을 모두 포괄하는 정확한 그림을 그리도록 노력하라. 다양한 관점에서 사안을 살펴봤다는 것을 보여 주라. 그렇지 않으면 청중이 당신을 테스트하려고 들지도 모른다.

마지막으로, 철저한 과정을 거쳐 아이디어나 해결책을 생각해 냈다면 당면한 문제와 그것이 다른 영역에 미치는 영향에 대해 깊이 이해했을 것이다. 이는 청중과 비판적인 고객에게 도전장을 내밀며 까다로운 질문에 자신 있게 대처할 수 있도록 도울 것이다. 심호흡을 하고 웃어라. 분명히 도움이 된다.

다른 사람들이 똑똑하게 생각하고 더 똑똑하게 일하도록 도와라

더 똑똑하게 생각하고 일하는 것의 장점을 알고 나면, 새로 얻은 지식을 전수하고 동료들도 더 나은 결정을 내리며 더 똑똑하게 일하도록 도와주고 싶어질지 모른다. '비판적인 사고'와 관련해 코치하는 일을 시작했을 때 나는 초반에 마주한 저항에 몹시 흥미를 느꼈다. 의사결정 능력을 향상시키는 법에 대해 코치해 달라고 나에게 돈까지 지불한 사람들이지 않은가. 시간이 얼마간 지나자 내가 단번에 효과를 볼 수 있는 해결책을 제시하고 있지 않다는 사실을 깨달았다. 고위 간부뿐 아니라 모든 사람들은 정신적인 실수가 공개되거나 감정적인 반응이 파헤쳐지는 것을 불편하게 여길 수 있다. 대부분의 사람들은 대학도 졸업한 마당에 완전히 새로운 능력을 배우고 싶어 하지 않는다. 전문가들은 전문 지식이 갱신 가능한 꼬리표라는 얘기를 듣고 싶어 하지 않는다! 그것이 설령 사실이라도 말이다.

 똑똑한 토막 정보

나이는 저절로 들지만 지혜로워지려면 노력이 필요하다.

하지만 이 지식이 기업체나 정부, 조직에 속한 사람들의 재정적·전략적인 미래를 바꾸는 데 중요한 역할을 하기 때문에 차마 포기할 수 없었다. 이 정보를 어떻게 전달할 것인지에 대해 훨씬 똑똑하게 생각해야 했다. 그러다 보니 비판적인 사고의 원칙을 설명하고 도해를 통해 요점을 분명히 보여 주려면 게릴라 전술을 써야 한다는 사실을 알게 되었다. 그 후로 나는 지금까지 뒤돌아보지 않고 앞으로 내달리고 있다.

정신적인 실수에 대해 설명할 때는 참가자들이 우선 정신적인 실수를 저지르는 일을 직접 겪어 보게 한다. 이런 경험은 참가자들이 어떤 정신적인 실수든 범하기 쉽다는 것을 보여 준다. 동료나 가족이 이런 실수를 저지르는 광경을 보게 되면 실수를 범하게 놔둔 뒤 해결책을 제시하는 편이 최선일 수도 있다. 사람들이 정보를 더 잘 처리하는 방법의 이득을 눈으로 직접 보고, 우리가 생각하는 방식에 변화를 가할 수 있다는 사실을 이해하고 나면, 제시되는 도구를 활용하는 것에 대해 훨씬 마음을 열게 된다.

감정이 의사결정에 관여한다는 것을 설명할 때는 특히 조심해야 한다. 대부분의 사람들은 이런 발상을 받아들이는 데 시간이 필요하기 때문이다. 자신이 하는 모든 일이 100퍼센트 합리적이라는 데 자부심을 가진 사람의 경우 이를 수용하기 더욱 어려워한다. 나는 다른 사람들에게 아무 소리도 하지 말라고 배웠지만, 코치하는 방법을 잘 활용하면 감정이 결정에서 맡는 역할에 대해 사람들이 이해하도록 도울 수 있다. "어떤 기분이 드십니까?"는 "어떻게 생각하십니까?" 또는 "그런 결론에 어떻게 도달하셨습니까?"라는 질문의 흥미로운 대안이다.

물론 가장 좋은 방법은 모범을 보임으로써 모두가 당신의 성공 비결을 궁금하게 만드는 것이다. 무엇인가 관찰할 거리를 줘야 한다는 사실을 기억하라. 관찰한 내용을 이해하고 직접 실천에 옮기도록 장려하라.

 똑똑한 토막 정보

어제의 결정이 오늘의 현실을 만들고, 오늘의 결정은 우리의 미래를 만든다.

1. 무엇인가를 새로 배우는 것은 보고 이해하고 따라 하는 인간의 기본적인 배우기 기술에 의존한다는 점을 기억하라.

2. 226쪽에 실린 문제 해결 및 의사결정 점검 목록을 완성하여 문제에 접근하는 자신만의 방법을 만들고 개발하라. 무의식적인 사고에 의지하지 않도록 도와줄 것이다.

3. 점검 목록을 잘라 내어 자주 생각하는 공간에 보관하라. 하루도 건너뛰지 말고 생각하는 것에 대해 생각하라.

4. 카이젠의 원칙을 활용하라. 사고 과정을 조금씩 꾸준히 향상시켜라.

5. 체계란 실패가 없다는 사실을 기억하라. 체계란 설계된 대로만 작동하는 것이기 때문이다.

6. 해결책을 제시할 때 가능한 한 시각적으로 보여 주라. 청중의 이해도를 높일 수 있을 것이다.

7. 청중이 의문점, 질문, 걱정스러운 점에 관해 물을 것에 대비하라. 자신이 찾아낸 해결책이 아무리 마음에 들어도 사랑에 빠지지 말라.

8. 해결책을 제시할 때 자신감을 가져라. 철저한 접근법을 이용해 해결책을 얻었다면 관련 사안에 대한 통찰력도 생겼을 것이고, 대부분의 질문에 답할 수 있을 것이다.

9. 다른 사람들이 더 똑똑하게 생각하고 일할 수 있도록 도와주라. 사고 과정에서 마주치는 걸림돌을 해결하는 방법을 보여 주라.

10. 일방적으로 알려 주지 말고 함께 공유하라. 절대로 후회하지 않을 것이다.

싱크 스마트 워크 스마트
THINK SMART WORK SMART

초판인쇄 2012년 1월 12일
초판발행 2012년 1월 17일

지은이 트레멘 뒤프리즈
옮긴이 황선영
펴낸이 박찬후
펴낸곳 북허브

주소 서울시 구로구 구로2동 453-9
전화 02-3281-2778
팩스 02-3281-2768
e-mail book_herb@naver.com
　　　　　http://cafe.naver.com/book_herb

＊잘못된 책은 구입하신 서점에서 바꾸어 드립니다.

값 12,000원
ISBN 978-89-94938-05-9(03320)